하나님을 선택한 구약의 사람들

(주)죠이북스는 그리스도를 대신한 사신으로
문서를 통한 지상 명령 성취와 하나님 나라 확장을 위해 노력합니다.

하나님을 선택한 구약의 사람들
© 2022 조영민

이 책의 저작권은 저자와 (주)죠이북스에 있습니다. 신 저작권법에 의하여
한국 내에서 보호받는 저작물이므로 무단 전재와 무단 복제를 금합니다.

하나님을 선택한
구약의 사람들

삶의 갈림길에서 고민하는 당신에게

조영민 지음

죠이북스

차 례

프롤로그   6

1   하나님을 선택하라 (창 13:5-18) ·················· 10
     아브라함

2   용서를 선택하라 (창 45:1-8) ···················· 28
     요셉

3   믿음으로 양육하라 (출 2:1-10) ·················· 46
     모세의 부모

4   바다 가운데에 난 길로 걸어가라 (출 14:13-28) ····· 64
     모세

5   순종으로 성을 무너뜨리라 (수 6:1-21) ············ 82
     여호수아

6   말씀의 등불을 높이 들라 (삿 4:1-10) ············ 102
     드보라

사랑했던, 그리고 앞으로도 사랑할 하나님의 청년들에게 '선택'에 도움이 될 이야기들을 묶은 책을 선물하고 싶었습니다.

그 후 거의 10년이 지났습니다. 저는 지금 그 책을 기본으로 다시 이 책을 쓰고 있습니다. 세월이 지났지만, 여전히 많은 기독 청년이 같은 질문을 하기 때문입니다. 3년 넘게 코로나19를 경험하며 기독 청년들의 상황은 더욱 어려워졌습니다. 바벨론 포로기를 살아야 했던 다니엘처럼, 점점 기독교적 가치에 반하는 문화가 주류 문화로 자리 잡고 있습니다. 안타깝게도 성도들이 이제는 세상 속에서 어떻게 살아야 하는지에 대해 고민조차 하지 않고, 무언가를 결정할 때 세상과 동일한 기준으로 선택하는 것 같습니다. 게다가 이 주제는 비단 청년들만의 문제가 아닙니다. 담임 목회를 해보니 이 '선택'에 대한 고민은 여러 방면에서 안정적으로 보이던 장년들에게도 동일하게 존재합니다. 이렇듯 선택은 인생의 한 시기에만 고민하는 문제가 아니라 인생 전체를 관통하는 문제입니다.

'선택'이라는 주제 아래 성경에 나오는 인물 중 어떤 인물을 다룰지 고민이 많았습니다. 지난 시간, 저의 성경 읽기에 변화가 있었고, 이 세상에도 많은 변화가 있었으며, 이 이야기를 읽으실 여러분도 많이 달라졌기 때문입니다. 많은 고민 끝에 세 가지 기준을 삼아 이 책에서 나눌 성경의 사람들을 선정해 보았습니다. 첫째는, 구약의 인물을 대상으로 했습니다. 이유는 이후 신약 인물들을 따로 살펴볼 생각이기 때문입니다. 둘째는, 일반적으로 유명한 이들도 있지만 대체로 유명하지 않은 이들도 포함하였습니다. 이 책을 읽는, 오늘을 사는 우리 대부분이 유명하기보다는 무명한 이들일 것이기 때문입니다. 이 책의 결론이 아주 특별한 사람들의 특별한 이야기가 아니라는 것을 보여 주고 싶었기 때문입니다. 셋째는, 일부러 구약에 등장하는 여성들을 명단에 넣었습니다. 신앙의 선택에 있어 남녀의 차이가 없다는 것을, 그리고 지금도 한국 교회 안에서 주님을 섬기는 귀한 여성들과 같은 신실한 성경의 여성들의 이야기를 나누고 싶었기 때문입니다. 저는 이 낯선 이들과의 함께하는 여행이 분명 신선할 거라 믿습니다.

어떤 이들은 이 책이 '선택'이라는 주제로 묶인 인물 설교이기 때문에 많은 부분을 작위적으로 해석하지 않았을지 의심할 수 있습니다. 본문과 무관하게 주제를 설명하기 위한 도구로 말씀 구절을 사용하는 방식 말입니다. 또 어떤 이들은 "그들은 이렇게 했다. 그래서 우리도 이렇게 해야 한다"라는 모범적 설교(exemplaristic sermon)를 읽게 될 것으로 짐작할 수 있습니다. 저는 이러한 우려에 대해 이렇게 말씀드리고 싶습니다. 제가 할 수 있는 한 성경 인물에 관하여 본문을 성실하게 설명하려고 노력했습니다. 그 결과, 이들이 다양한 상황 속에서 무언가를 선택했다는 것과, 그 선택에 담겨 있는 원칙을 드러내려고 했습니다. 저는 또 제 인물 설교가 모범적 설교가 아니라고 말하고 싶습니다. 그 이유는 '그들처럼 하라'가 아니라 '그들이 그렇게 한 원인'에 관하여 말하기 때문입니다. '그들처럼 하라' 이전에 '그들이 왜 그렇게 선택했는지'를 밝히려 한 것입니다. 결국, 저는 이 책의 독자들이 중요한 선택의 순간, 이 성경 인물들을 떠올리고 그들이 가지고 있던 기준으로 선택하게 되기를 바라는 것입니다.

    이제 열세 명의 구약 인물과 함께 길을 떠나야 합니다. 어떤 이의 길은 익숙하고, 또 어떤 이의 길은 낯설 것입니다. 어떤 이의 길은 쉽게 동의가 되고, 또 어떤 이의 길은 시작부터 이것저것이 마음에 걸릴 것입니다. 이 길을 걸으며 구약의 인물들과 함께 호흡해 보십시오. 그들의 삶과 고민을 품어 보시고 그 선택의 순간 느꼈을 정서를 함께 느껴 보십시오. 하나님이 기적을 행하시는 것도 보아야 하지만 하나님이 침묵하시는 것 같은 시간도 견디셔야 합니다. 여러분이 이 여행을 하는 동안, 이 책을 처음 펼쳤을 때보다 조금은 더, 주님이 여러분에게 원하시는 선택을 할 수 있게 되기를 기대합니다.

2022년 10월

나눔교회 조영민 목사

아브라함

네가 좌하면 나는 우하고 네가 우하면 나는 좌하리라

하나님을 선택하라

창 13:5-18

선택이 곧 그다

삶은 선택의 연속입니다. 어떤 선택은 특별히 고민하지 않아도 되지만, 어떤 선택은 오랫동안 숙고하지 않으면 안 될 만큼 중요합니다. 교회를 갈 때 선택할 수 있는 이동 수단은 많습니다. 그 어떤 수단을 이용한다 해도 크게 문제가 되지는 않습니다. 직장에서 점심 메뉴를 선택할 때도 마찬가지입니다. 늘 고민이 되지만 사실 점심으로 뭘 먹어도 저녁이 되면 다시 배가 고프기 때문에 메뉴 선택이 그리 중요하지는 않습니다. 그러나 때로는 삶에서 매우 중요한 선택을 해야만 하는 순간이 있습니다. 그리고 그 선택이 내 인생 전체의 성패를 좌우하는 경우도 있습니다.

그래서 인생을 잘 살고 싶은 그리스도인들은, '하나님의 음성 듣기' 또는 '하나님의 뜻을 알려 주는 예언 기도' 등에 관심이 많은 것 같습니다. '하나님의 뜻'을 알면 그런 선택의 순간에 '최선의 선택'을 할 수 있을 것이고, 그렇게 선택을 한다면 분명 그 결과도 좋을 것이라 여기기 때문입니다. 그러나 여러분, 하나님의 뜻이나 음성은 그렇게 쉽게 우리에게 찾아오지 않습니다. 우리의 영적인 수준이 그만큼까지 미치지 못하거나 하나님의 음성을 들을 수 있는 전문적인 기술이 없어서가 아닙니다. 그런 직접적인 방식은 하나님의 일반적인 방법이 아니기 때문입니다. 하나님은 오늘도, 지금 이 순간에도 당신의 뜻을 가르쳐 주십니다. 그런데 그 방식은 기본적으로 이미 우리에게 기록하여 남겨 주신 하나님의 말씀인 성경을 통해서입니다. 우리는 인생의 중요한 선택의 순간에 하나님의 뜻이 무엇인지 알아야 합니다. 그러나 예외적인 방법이 아니라 이미 우리에게 주신 일반적인 방법인 성경에서 그 뜻을 찾아야 하지요.

성경에는 일반적인 하나님의 뜻이 율법의 형태로 담겨 있습니다. 하나님이 하라고 명하신 것과 하지 말라고 명하신 것을 읽다 보면 우리가 해야 할 일과 하지 않아야 할 일에 관한 하나님의 뜻을 알 수 있습니다. 그런데 그런 율법의 내용이 너무 일반적이다 보니 그것을 구체적으로 우리 삶에 적용하는 데, 또 우리의 선택 문제에 적용하는 데 어려움이 있습니다. 그러나 우리는 성경 속 신앙의 인물들이 하나님의 뜻 안에서 어떤 선택을 하는지 읽어 보면서 우리 삶에 하나님의 뜻을 적용하는 방법을 조금 더 구체적으로 배울 수 있습니다. 가장 먼저, 성경에 나오는 많은 믿음의 인물 중 핵심이라고 할 수 있는 '믿음의 조상 아브라함'의 선택을 살펴보겠습니다.

성도 안에 시작된 갈등

> 아브람의 일행 롯도 양과 소와 장막이 있으므로 그 땅이 그들이 동거하기에 넉넉하지 못하였으니 이는 그들의 소유가 많아서 동거할 수 없었음이니라 그러므로 아브람의 가축의 목자와 롯의 가축의 목자가 서로 다투고 또 가나안 사람과 브리스 사람도 그 땅에 거주하였는지라(창 13:5-7).

본문은 믿음의 조상 아브람(이후 아브라함으로 개명됩니다)과 그 조카 롯의 갈등으로 시작됩니다. 창세기 12장에서 아브람은 가나안 땅에 임한 기근을 피하기 위해 애굽에 갔다가 애굽 왕 바로에게 아내 사래(이후 사라로 개명됩니다)을 빼앗길 뻔했습니다. 하나님은 급하게 애굽 땅에 재앙을 내리셨고, 놀란 바로는 사래를 아브람에게 돌려보냈습니다. 자신이 '신의 진노를 샀다'고 생각한 바로는, 아브람에게 사래를 돌려보내며 많은 짐승과 금과 은을 '화목의 선물'로 보냈습니다. 아브람은 전혀 잘한 것이 없었는데 결과적으로 아내와 함께 많은 재산을 축적하게 되었습니다. 이렇게 갑자기 많아진 재산이 사건의 발단이 됩니다.

그들이 살고 있는 땅이 아브람과 롯이 키우던 짐승의 수를 감당할 수 없었고, 이로 인해 아브람의 목자들과 롯의 목자들이 목초지 문제로 싸우는 일이 자주 발생했습니다. 결국 아브람과 롯은 "이제는 우리가 헤어져야겠다"는 결론에 이릅니다. 아브람에게 롯은 아들 같은 조카입니다. 롯에게 아브람도 아버지 같은 큰아버지입니다. 그랬던 그들이, 갑자기 생긴 부 때문에 싸우고 헤어지려고 하는 것입니다.

아브람에게 '갑자기 불어난 부'는 복이 아니었습니다. 어떤 의미에서 아내를 팔아 생긴 부끄러운 소득이었습니다. 아브람은 그 소득을 부끄러워해야 했습니다. 거부할 수도 있었습니다. 그러나 그렇게 하지 않았습니다. 그 소득을 복으로 여겼고, 그렇게 얻은 소득을 극대화하려 했습니다. 결국 이 소득 때문에 이제껏 함께한, 자식 같은 조카 롯과의 관계가 깨졌습니다. 그리고 이 과정에서 아브람과 롯이 어떤 사람이었는지, 그들의 중심이 드러나게 됩니다.

아브람과 롯에게는 둘 다 하나님에 대한 신앙 고백이 있었습니다. 그들은 이제까지 늘 함께 예배했고, 같은 하나님의 약속을 좇았습니다. 믿음으로 움직였습니다. 이 둘은 비슷합니다. 그러나 이 상황에서 둘은 다른 선택을 합니다. 이후 이 둘은 전혀 다른 길을 걷고, 전혀 다른 곳에 도착하게 됩니다.

우리가 이 사건을 세세하게 살펴봐야 하는 이유가 바로 이것입니다. 겉으로 보기에 신앙생활을 잘하고 있는 것 같아 보이는 성도가 있습니다. 특별히 무언가 중요한 선택을 하지 않아도 되는 상황이라면, 이런 모습은 계속될 수 있습니다. 그러나 어느 날, 그가 중요한 것을 선택해야 하는 때가 왔을 때 더 이상 그는 자신을 감출 수 없습니다. 그때 그는 자기를 드러냅니다. 자기의 중심이 그 선택을 통해 드러나는 것입니다. 그제야 우리는 '그가 무엇을 가장 중요하게 생각하는지', 그래서 '그가 누구인지'를 알게 됩니다. 중요한 선택을 어떻게 하는지를 통해, 그가 가지고 있는 기준이 드러나고, 그 기준이 무엇이냐에 따라 그의 정체성을 확인할 수 있다는 말입니다.

갈등을 해결하는 제안

아브람은 자신의 목자들과 조카 롯의 목자들이 싸우는 것을 볼 수 없어, 롯을 불러 이렇게 말합니다.

> 아브람이 롯에게 이르되 우리는 한 친족이라 나나 너나 내 목자나 네 목자나 서로 다투게 하지 말자(창 13:8).

아브람이 말하는 우리가 싸우지 않아야 하는 이유는, '한 핏줄'이기 때문입니다. 이것은 단지 그들이 한 조상의 후손이라는 사실, 즉 혈연관계만을 의미하지 않습니다. 그들의 집안은 갈데아 우르에서 하나님의 명령을 받아 순종함으로 가나안 땅까지 이주해 왔습니다. 그들은 가나안 거민들과는 다른 정체성을 가지고 있습니다. 여호와 하나님의 통치를 받는 특별한 공동체이지요. 아브람의 집안은 구약 시대의 교회 공동체입니다. 아브람이 롯에게 한 이 말은 "우리가 한 몸 된 교회가 아니냐?"라는 의미입니다.

그리스도인인 우리는 서로 싸워서는 안 됩니다. 왜 그렇습니까? 세상이 우리가 싸우는 것을 보기 때문입니다. "가나안 사람과 브리스 사람도 그 땅에 거주하였는지라"(창 13:7). 이 땅은 우리만 사는 땅이 아닙니다. 하나님을 믿지 않는 세상도 우리와 함께 살고 또 우리를 보고 있습니다. 성도가 서로의 이익을 위해 싸울 때, 세상은 그 성도들의 싸움을 보고 기독교를 판단합니다. 그 결과, 성도인 우리만 우스워지는 것이 아니라 교회도 우스워지고, 우리가 섬기는 하나님의 영광도 땅에 떨어지게 되지요. 하나님의 영광은 하나님을 믿지 않는 비그리스도인들에 의해 짓밟히는 것이 아니라, 하나님을 믿는다면서 하나님의 뜻과 무관하게 행하는 이들에 의해 짓밟히는 것입니다.

아브람은 자신들 때문에 하나님이 그리되시면 안 된다고 생각했습니다. 그는 조카와 싸워 자기의 권리를 지키기보다 손해를 보더라도 화해하기를 선택합니다. 그것이 어른입니다. 그리고 아브람은 이렇게 제안합니다.

> 네 앞에 온 땅이 있지 아니하냐 나를 떠나가라 네가 좌하면 나는 우하고 네가 우하면 나는 좌하리라(창 13:9).

장로라는 자리까지 올라가는 것을 보면 탁월한 실력을 가진 사람일 수 있습니다. 그는 괜찮은 사람일 수 있지요. 그러나 신실한 하나님의 백성일 수는 없습니다. 하나님에게 아무것도 묻지 않았기 때문입니다.

여러분에게 묻습니다. 인생의 중요한 문제 앞에서 여러분은 과연 하나님에게 질문하십니까? 내가 하나님에게 물으면 하나님이 어떤 방식으로든 내 질문에 반응하실 거라는 기대가 있습니까? 그리고 하나님이 내게 말씀하신다면 나는 그 말씀에 순종할 의지가 있습니까? 만약 하나님에게 묻고 그 응답을 기다리다가 그 기회를 놓치면 어떡합니까? 큰아버지인 아브람이 마음을 바꿔 자기가 더 좋은 땅을 선택해 버리면 어떡합니까? 내 눈에 보이는 그 좋은 땅에 대한 응답을 구하는 사이에 가나안 족속과 브리스 족속이 그 자리에 장막을 치면 어떻게 합니까? 여러분, 하나님에게 묻지 않는다면 진짜 성도가 아닙니다. 롯은 자기의 눈을 들어 바라봤고, 그것으로 결정하고 움직였습니다. 하나님을 믿지 않는 자, 하나님이 없다고 생각하는 자와 비교할 때, 그 선택 기준에 아무런 차이가 없었습니다.

아브라함의 선택

이제 성경이 '믿음의 조상'이라고 소개하는 아브람의 선택을 보겠습니다. 그는 일단 롯에게 선택의 기회를 양보해 버렸습니다. 그는 스스로 선택권을 내려놓습니다. 자기 인생의 길을 자기의 눈을 들어 바라보고 정하지 않겠다는 것입니다. 그는 자신이 주인이 되어 살려고 하지 않고 누군가를 기다리고 있습니다. 그가 기다리던 그 누군가는 그가 믿음으로 자신의 선택권을 내려놓았을 때 찾아오셨습니다.

아브람이 당연히 주장할 수 있는 권리를 포기했을 때, 하나님이 아브람에게 나타나셨습니다. 언제 나타났는지도 중요한데, 14절은 "롯이 아브람을 떠난 후에"라고 말합니다. 자기 눈을 들어 땅의 풍요를 바라본 후 그곳으로 가는 롯에게 하나님은 자신의 얼굴을 보일 마음이 없으셨던 것입니다. 이런 일은 지금도 일어납니다. 하나님에게 관심이 없는 이들에게까지 은혜를 부어 주실 이유가 없으시기 때문입니다. 그래서 '자기 눈을 믿고 자기를 위해 모든 것을 선택하는 이들'은 하나님의 뜻과 음성, 그 선하신 인도를 받지 못하는 것입니다. 주도권을 넘겨 드린 아브람에게 하나님은 주도적으로 일하기 시작하십니다. 그분이 말씀하십니다.

> 너는 눈을 들어 너 있는 곳에서 북쪽과 남쪽 그리고 동쪽과 서쪽을 바라보라 보이는 땅을 내가 너와 네 자손에게 주리니 영원히 이르리라 내가 네 자손이 땅의 티끌 같게 하리니 사람이 땅의 티끌을 능히 셀 수 있을진대 네 자손도 세리라 너는 일어나 그 땅을 종과 횡으로 두루 다녀 보라 내가 그것을 네게 주리라(창 13:14b-17).

하나님이 아브람의 선택을 엄청나게 기뻐하시는 것 같습니다. 하나님이 친히 아브람이 해야 할 일을 차근차근 가르쳐 주십니다. 눈을 들어 '북-남-동-서'를 '바라보라'고 하십니다. 보이는 모든 땅을 아브람과 그의 자손에게 주겠다고 하십니다. 17절을 보면 하나님이 더 구체적으로 더 넓은 땅을 차지할 방법을 가르쳐 주시기까지 합니다. "너는 일어나 그 땅을 종과 횡으로 두루 다녀 보라 내가 그것을 네게 주리라." 이것은 하나님이 아브람에게 엄청난 은혜를 베푸신 것입니다.

만약 하나님이 우리에게 나타나셔서 이렇게 말씀하신다면 어떨까요? 우리 눈으로 보는 '모든 땅'을 주시겠답니다. 우리가 돌아다니면서 더 많은 땅을 보면 그 땅까지 주시겠답니다. 이 말씀을 들은 우리는 어떻게 해야 합니까? 최대한 빠른 이동 수단을 이용해 사방으로 돌아다녀야 합니다. 이것은 우리가 먼저 요구한 게 아닙니다. 우리는 다 내려놓고, 욕심을 하나도 안 부렸는데 하나님이 이런 우리를 보시고 멋진 선물을 안겨 주신 것이란 말입니다. 그렇다면 당연히 그 말씀에 순종해서 온 땅을 차지해야지요.

그런데 여러분, 아브람은 하나님이 하신 말씀대로 하지 않습니다. 우리가 생각하는 대로 반응하지 않습니다. 아브람은 사방으로 뛰어다니지 않습니다. 더 넓은 땅을 차지하기 위해 움직이는 것 같지 않습니다.

이에 아브람이 장막을 옮겨 헤브론에 있는 마므레 상수리 수풀에 이르러 거주하며 거기서 여호와를 위하여 제단을 쌓았더라 (창 13:18).

분명 "이에"로 시작합니다. 17절까지의 하나님 말씀에 대한 반응으로 아브람이 장막을 옮기고 있습니다. 이어져야 할, 예상되는 말씀은 아브람이 동서남북으로 이동하면서 보게 되는 지명들이 열거되는 것입니다. 그런데 전혀 예상하지 못한 내용이 이어지고 있습니다. 아브람은 "헤브론에 있는 마므레 상수리 수풀에" 가서 거주합니다. 그리고 거기에 여호와를 위한 제단을 쌓습니다. 하나님이 엄청난 땅을 약속하셨는데, 아브람의 반응은 그 땅에 대한 명령과 전혀 무관해 보입니다.

아브람은 왜 하나님이 주겠다는 땅을 보러 돌아다니지 않았을까요? 하나님이 "네가 보는 모든 땅을 주겠다"는 약속까지 하셨는데, 왜 헤브론에 가서 거기에 거주하며, 제단을 쌓은 걸까요? 아브람은 하나님이 자신에게 하신 말씀이 자신을 향한 하나님의 시험임을 알았습니다. 이것을 알 수 있는 힌트가 있습니다. 10절 상반절에 나오는 롯의 반응과 14절 하반절에 나오는, 하나님이 아브람에게 하시는 명령에서 공통적으로 등장하는 표현이 있습니다.

> 이에 롯이 눈을 들어 요단 지역을 바라본즉(창13:10a).
> 너는 눈을 들어 너 있는 곳에서 북쪽과 남쪽 그리고 동쪽과 서쪽을 바라보라(창13:14b).

롯은 자기 눈을 들어, 자기가 원하는 것을 바라보았습니다. 그리고 그 땅으로 가 버렸습니다. 하나님은 롯이 잘못된 선택을 할 때 사용한 문장과 비슷한 문장으로 아브람에게 명령하고 있습니다. "네 눈을 들어, 네가 바라보면, 내가 너에게 그 땅을 주겠다"입니다. 아브람은 롯에게 헤어지자고 먼저 말했고, 땅에 대한 선택권을 줬습니다. 그러나 아브람의 속마음은 롯이 떠나지 않는 것이었습니다. 하나님의 명령 앞에서 아브람은 방금 전 롯을 보며 품던 그 마음과 같은, 자신을 향한 하나님의 마음을 느꼈습니다. 하나님은 아브람이 자기 눈을 들어, 사방을 바라보고, 그 땅들을 더 많이 차지하기 위해 열심히 뛰어다니는 삶을 살기를 원하지 않으신다는 것을 말입니다. 이때 하나님의 명령은 아브람의 마음이 어떤지를 시험하는 도구였습니다. 그리고 아브람은 이 명령의 핵심, 이렇게 명령을 하신 하나님의 마음을 알아차렸습니다. 그는 시험지에 출제자의 의도를 파악한 답안을 쓴 것이지요. 그것이 헤브론에 가서 거주하며 제단을 쌓는 것이었습니다.

헤브론은 해발 927미터 높이에 있는, 가나안에서 가장 높은 지대입니다. 그곳은 농사는커녕 목축을 하기에도 어려운 땅입니다. 그런데 아브람은 굳이 그곳에서 20년 이상 거주합니다. 땅 부자가 되는 것, 더 큰 목축업자가 되는 것을 포기했습니다. 그가 그곳에서 한 일은 무엇입니까? "거기서 여호와를 위하여 제단을 쌓았더라."

여러분, 이게 무슨 상황입니까? 세상에서 가장 넓고 좋은 땅을 선택할 기회였습니다. 그런데 기껏 아브람은 별로 쓸모없는 고산

지대를 선택합니다. 심지어 그가 거주하려고 장막을 친 곳은 아무도 탐내지 않는 땅, 쓸모없이 버려진 산꼭대기였습니다. 아브람은 왜 그런 헤브론을 선택한 걸까요? 그 선택의 기준이 무엇일까요?

  헤브론은 '하늘과 맞닿아 있는 땅'이었습니다. 가나안 지역에서 가장 높은 곳이기 때문에 당시 가나안 거민들은 대부분 헤브론을 신성시했습니다. 하늘과 맞닿아 있는 곳, 하늘과 가장 가까운 곳이기 때문입니다. 경제적인 가치는 별로 없습니다. 그러나 이 지역에서 신과 가장 가까운 땅이 헤브론이었던 것입니다. 그리고 헤브론이라는 지명에는 '연합, 동맹, 친교'라는 의미가 있습니다. 신과 가장 가까운 땅의 이 이름은, 연합과 동맹과 친교의 대상이 인간 대 인간에 대한 것이 아니라는 것을 유추하게 합니다. 당시 이 헤브론은 신을 만나 연합하고 동맹을 맺고 친교하던 곳이었지요. 아브람은 땅을 선택한 것이 아니라 그에게 땅을 말씀하고 계시는 하나님을 선택한 것입니다.

  아브람은 하나님과 연합함, 하나님과의 친밀함, 하나님과 친구 됨을 선택했습니다. 그가 헤브론, 그 산꼭대기를 선택한 것은 그곳이 여호와 하나님을 만나 친교하기 좋은 곳이었기 때문입니다. 그래서 그가 그 고산 지대에 자리를 잡고 한 첫 번째 행동이 제단을 쌓은 것입니다. 하나님과의 친밀함, 연합을 선택했기에 하나님을 예배하기 위한 제단을 쌓는 것이 그가 최우선으로 해야 할 일이었습니다. 아브람은 그 땅에서 하나님을 예배하기를 선택한 것입니다.

화려한 롯과 초라해 보이는 아브람

모든 선택은 반드시 결과를 남깁니다. 중요한 선택일수록 큰 결과의 차이를 남깁니다. 이것이 우리가 갈림길에 서서 깊이 고민하는 이유입니다. 롯과 아브람은 갈림길에 섰고, 둘은 전혀 다른 선택을 했습니다. 그리고 이후 그들의 인생은 전혀 다른 방향으로 나아갑니다.

롯은 어떻게 됩니까? 롯은 자기 눈에 보기 좋은 곳을 선택했습니다. 물이 풍성한 요단 들이 첫 번째 목적지였습니다. 가서 보니 '요단 들'보다 더 좋은 곳이 있었습니다. 소돔성입니다. 롯은 하나님 보시기에 죄가 가득한 소돔성으로 들어갔고 거기에 뿌리를 내렸습니다. 그리고 그는 그 악한 성 소돔에서 성공합니다. 그는 소돔에서 '성문에 앉은 자', 다시 말해 도시의 장로 중 하나가 되었습니다. 그는 악한 세상 속에서 성공하여 높은 자리에 올라선 것입니다. 다시 말하지만 롯은 비그리스도인이 아닙니다. 그는 그리스도인입니다. 그리스도인인 롯이 악한 세상에서도 성공했습니다. 어쩌면 그는 오늘날 많은 그리스도인이 원하는 모델, 세상에서 성공하고 인정받고 존중받는 '성공한 그리스도인'이 된 것입니다.

반면, 아브람은 어떻게 되었을까요? 일흔다섯 살에서 백 살까지 25년이라는 시간 동안 그가 한 일이 무엇인가요? 그가 이 땅에서 이뤄 놓은 일이 무엇일까요? 그는 20여 년을 사람이 거의 살지 않는 헤브론 산꼭대기에서 살았습니다. 떠나간 조카 롯이 소돔성의 장로가 될 만큼 성공할 때, 아브람은 여전히 산 위에서 양을 치며, 예배하고 있었습니다. 어찌 보면 그는 아무런 발전도, 성장도 없는 것 같아 보입니다. 20년이 넘는 세월 동안 더 늙고 약해졌습니다. 시간은 생명인데, 아브람은 그 귀한 시간을 허비해 버린 것 같습니다.

하나님을 선택한 인생의 결국

아브람이 헤브론을 선택할 때 그 기준은 무엇이었을까요? 아브람의 선택 기준은 단 하나, '하나님과의 친밀함'이었습니다. 그는 하나님이 주겠다는 땅이 아니라, 하나님의 얼굴 보기를 원했습니다. 그래서 그는 횡으로 종으로 열심히 다녀 차지할 수 있는 넓고 풍요로운 땅 대신 척박하고 협소하지만 하늘에 맞닿아 있어, 하나님을 진심으로 사랑할 수 있는 '친교와 연합'의 땅, '예배'의 땅, '헤브론'으로 간 것입니다. 아브람은 땅이 아닌 하나님을 붙들었습니다.

이 사건 이후 롯과 아브람은 각자 자신이 선택한 자리에서 20년 이상을 살았습니다. 20년 후, 한 명은 세상에서 성공해서 당시 가나안에서 가장 크고 번영한 도시의 장로가 되었고, 다른 한 명은 세상과 사람들에게서 완전히 잊혔습니다. 그 무렵 소돔과 고모라의 죄가 몹시 커서 하나님이 심판의 불을 가지고 그 땅에 임하셨습니다. 세상에서 유명해진 롯은 하나님에게서 잊혔지만, 하나님과의 친밀함을 위해 사람들에게 잊힌 아브람은 하나님의 친구가 되어 있었습니다. 소돔과 고모라가 하나님의 심판으로 불탈 때, 소돔에 있던 롯은 그 불에 모든 소유와 아내를 잃어버리고, 멸망당하는 소돔과 함께 비참한 신세로 전락했습니다. 반면 그 세월 동안 하나님의 친구가 된 아브라함은 심판당하는 소돔의 연기를 바라보며 안타까워하고 기도하는 자로 하나님 편에 서 있게 되었습니다.

지금 여러분은 무엇을 보고 있습니까? 어디를 향해 달리고 있습니까? 혹여 내 눈을 들어, 내게 당장 무엇이 이익이 되는지를 계산하여 달리고 있지는 않으십니까? 하나님에게 아무것도 묻지 않고, 아무것도 기대하지 않으며 내게 주어진 인생을 보내고 있지는 않습니까? 잠깐은 그렇게 살아도 괜찮아 보일 수 있습니다. 그러나 그렇게 살면 절대 하나님의 친구는 될 수 없습니다.

어느 날엔가 주님이 나를 "이 사람은 내 친구야!"라는 말로 소개해 주시기를 원합니까? 그렇다면 오늘 내 삶의 수많은 선택의 순간, 그 모든 것의 기준은 이것이 되어야 합니다. 하나님의 손에서 나오는 것이 아니라 하나님을 선택하십시오. '하나님과의 친밀함'이 모든 것을 선택하는 기준이 되어야 합니다. 어느 날엔가 우리 주님이 "너는 나의 친구야!"라고 말씀하는 것을 들을 수 있는 성도 되시기를 축원합니다.

요셉

요셉이 형들에게 이르되 내게로 가까이 오소서

용서를 선택하라

창 45:1-8

우울과 분노 사이에서

오늘날 코로나로 인해 생기는 여러 문제를 색깔로 설명한 표현이 있습니다. '코로나 블루'와 '코로나 레드'입니다. 블루는 우울을 상징하고 레드는 분노를 상징합니다. 감염병으로 인해 달라진 세상, 그리고 그런 세상 속에서 여러 어려움을 느끼는 사람들의 마음에 '우울과 분노가 쌓인다'는 것입니다. 그리고 이런 부정적인 정서에 있어서 그리스도인들도 자유롭지 않습니다. 그리스도인들 가운데도 이런 우울과 분노를 토로하는 분이 많기 때문입니다. 이 장에서는 레드(분노)의 문제에 관하여 말씀을 나누려고 합니다.

내 맘과 뜻대로 일이 진행되지 않을 때, 우리는 우울 또는 분노라는 감정을 겪습니다. 이것은 자연스러운 감정입니다. 그러나 그런 감정이 생겼다고 해서 그것들을 막 표출하지는 않지요. 그런 감정들을 적절한 수준에서 통제하지 못한다면 사회생활을 할 수 없기 때문입니다. 그런데 지금 이 감염병의 시기가 길어지면서 대부분의 사람이 부정적인 정서를 통제할 수 있는 능력을 잃어 가고 있습니다. 그래서 쉽게 분노하는 것이지요. 점점 용서하기 어렵고, 화를 내는 건 쉬워지는 상태가 되는 것입니다. 그래서 우리는 지금 우리보다 심각한 상황을 경험했음에도, 분노보다 용서를 선택한 한 인물을 보려고 합니다. 너무도 당연해 보이는 분노와 복수를 내려놓고, 용서와 용납을 선택한 인물, 요셉입니다.

하나님이 요셉을 통해 우리에게 보여 주시려는 것은 무엇일까요? 우리는 어릴 때 듣던 설교들을 떠올리며 요셉에 대한 기억을 더듬을 수 있습니다. 가장 많은 경우에, '요셉' 하면 떠오르는 것은 '그가 애굽의 총리가 되었다'는 내용입니다. 당시 가장 강력한 제국이던 애굽에서 총리가 된 히브리인, 그것은 많은 그리스도인이 꿈꾸는 것이기도 합니다. 세상에서 성공하고, 실력을 인정받아 높아진 그리스도인, 어쩌면 그래서 우리 주변에 요셉이라는 이름을 가진 이들이 그렇게나 많이 있는 건 아닐까 합니다. 꿈을 꾸고, 그 꿈을 위해 최선을 다하고, 모든 환난과 유혹을 이기고, 결국 그 꿈을 이루는 사람, 많은 이가 꿈꾸는 그리스도인의 모습입니다.

그런데 그게 과연 요셉의 전부일까요? 대부분의 사람은 익숙한 이야기를 만날 때, 꼼꼼하게 읽지 않는 습관을 가지고 있습니다. 저는 이 장에서 요셉 이야기 전부를 다루려고 하는 게 아닙니다. 요셉의 한 부분, '권력을 쥐게 된 요셉은 자신을 절망으로 밀어 넣었던 이들에게 왜 복수하지 않았느냐?'를 살펴보려는 것입니다. 요셉에게는 분노하고, 보복해야 할 마땅한 이유가 있었습니다. 누구라도 수긍할 만큼 상대들은 악했습니다. 그런데 요셉은 그들을 용서합니다. 끝까지 그들을 선하게 대우했습니다. 요셉이 왜 그들을 용서했을까요?

　요셉은 한 집안의 사랑받는 후계자였다가 한순간 인신매매를 당해 애굽의 종이 되었습니다. 종 주제에 여주인의 성적인 유혹을 거부해 누명을 쓰고 감옥에 갇히게 됩니다. 그러다 감옥에서 바로의 꿈을 해몽하는 기회를 얻어 총리가 되었습니다. 절대 권력을 쥐게 된 것이지요. 제가 요셉이라면 가장 먼저 복수했을 것입니다. 자신에게 누명을 씌운 보디발의 아내와 자신의 무죄함을 알면서도 집안의 명예 때문에 감옥에 가둔 경호 대장 보디발을 참수할 것입니다. 자신과의 약속을 잊어버린, 술 맡은 관원장도 파면할 것입니다. 그리고 가나안으로 군대를 보내 자기를 노예 상인에게 팔아넘긴 형들을 잡아 와야겠지요. 그들뿐만 아니라 관련된 사람들까지 찾아 복수해야 한단 말입니다. 이것이 우리가 기대하는 속 시원한 결말입니다. 그런데 요셉은 그 모두를 용서합니다.

　화나는 일이 많은 세상입니다. 그 화를 쏟아 내는 것이 스스로의 정신을 지키는 것이라고 가르치는 분들도 있습니다. 요셉의 인생은 억울함으로 가득합니다. 총리가 된 요셉은 그 억울함을 풀 능력을 갖게 되었습니다. 그런데 그렇게 하지 않았습니다. 그는 용서했습니다. 그가 그렇게 분노를 용서로 풀어 갈 수 있는 이유는 무엇이었을까요? 이제 요셉의 삶 전체에 있던 '울음들'을 살펴봄으로써 알아보겠습니다.

첫 번째 울음 :
열일곱 살의 청소년, 인신매매로 팔려 가다!

성경에 기록된 요셉의 첫 울음은, 그의 나이 열일곱 살 때였습니다. 요셉은 아버지의 심부름으로 형들이 있는 목초지로 갔습니다. 도착해 보니 형들은 목초지에 없었습니다. 주변을 수소문해서 형들의 행방을 찾으니 당시 환락의 중심지인 성읍 '도단'에 갔다는 것을 알게 됩니다. 요셉은 심부름 완수를 위해 도단까지 가서 형들을 찾아냅니다.

그런데 이게 화근이었습니다. 형들은 지금 아버지의 지시를 어겼습니다. 아버지에게 한마디 언질도 없이 그들은 도단에 갔습니다. 뭔가 악한 일을 도모한 것입니다. 그런데 그 자리에, 아버지의 후계자를 의미하는 채색 옷을 입은 요셉이 나타난 것이지요. 자기들끼리 입을 맞춰 아버지를 속인 것이 들통난 것입니다. 형들은 순간 요셉에 대한 분노가 폭발했습니다. 그늘은 요셉을 삽아 옷을 벗기고 물이 없는 구덩이에 던졌습니다. 처음에는 요셉을 죽이는 것까지 생각했습니다. 그런데 하필 그 시간에, 애굽으로 노예를 팔러 가는 이스마엘 상단이 지나갑니다. 형들은 푼돈이라도 벌 생각으로 요셉을 상인들에게 팔아 버립니다. 요셉은 하루아침에 풍요로운 유목민 족장의 후계자에서, 애굽으로 팔려 가는 노예 신세가 되어 버렸습니다.

이때 요셉은 울부짖습니다. 42장에서 큰형 르우벤이 요셉을 팔던 날의 일을 이렇게 회상합니다.

> 그들이 서로 말하되 우리가 아우의 일로 말미암아 범죄하였도다 그가 우리에게 애걸할 때에 그 마음의 괴로움을 보고도 듣지 아니하였으므로 이 괴로움이 우리에게 임하도다 르우벤이 그들에게 대답하여 이르되 내가 너희에게 그 아이에 대하여 죄를 짓지 말라고 하지 아니하였더냐 그래도 너희가 듣지 아니하였느니라 그러므로 그의 핏값을 치르게 되었도다 하니(창 42:21, 22).

여러분, 이때 요셉의 나이 열일곱입니다. 요셉은 물 없는 구덩이에서 죽음의 공포를 느끼며 살려 달라고 애걸했습니다. 그 구덩이 위에 앉아 태연하게 밥을 먹고 있는 형들의 모습이 보입니다. 처음에는 형들의 짓궂은 장난인 줄 알았습니다. 곧 자신을 꺼내 줄 거라 생각했습니다. 그런데 점점 분위기가 이상해집니다. 구덩이 위에서 형들의 잔인한 웃음소리가 들립니다. 자신이 어떻게 될지 도무지 알 수가 없습니다. 계속해서 형들에게 미안하다고, 용서해 달라고 사정했습니다.

얼마의 시간이 지나 구덩이에 줄이 내려왔습니다. 이 짓궂은 장난이 끝난 것일까요? 올라가서 집에 돌아가면 형들이 자기를 어떻게 대했는지 아버지에게 일러서 혼나게 할 작정입니다. 그런데 막상 구덩이에서 나와 보니, 주변 상황은 자신이 생각하던 것과 다릅니다. 먼 지역으로 장사를 떠나는 장사꾼들이 자신을 머리부터 발끝까지 보더니 돈을 계산해서 형 유다에게 건네주었습니다. 유다는 돈을 주머니에 넣고 돌아서 가 버렸습니다. 요셉은 그제야 자신이 노예 상인에게 팔렸다는 것을 깨달았습니다.

요셉은 낙타에 묶여 끌려갑니다. 눈에서 눈물이 흐릅니다. 할 수 있는 건 하나뿐입니다. 아직 자신의 목소리가 들리는 곳에 있을 형들의 이름을 부르는 것입니다. 요셉은 끌려가며 형들을 향해 살려 달라고 애걸했습니다. 형들은 끌려가는 그를 보며 깔깔거리며 웃습니다. 형들은 요셉을 외면했습니다. 이것이 요셉의 '첫 번째 울음'입니다.

두 번째 울음 :
스물일곱 살의 청년, 모함으로 감옥 가다!

애굽으로 팔려 온 요셉은, 떠오르는 수많은 생각 때문에 죽고 싶었습니다. 자신을 판 형들의 웃음소리가 귓가를 떠나지 않습니다. 항상 자기편이던 늙은 아버지 야곱이 그립습니다. 동생을 낳다가 죽은 엄마 라헬이 자신을 바라보며 미소 짓던 얼굴도 생각납니다. 익숙한 모든 것과 헤어졌습니다. 외국으로 팔려 온 열일곱 살짜리 노예의 일상은 참혹하기 그지없었습니다. 몇 번이나 죽어야겠다고 마음을 먹었습니다. 그런데 왜인지 그렇게는 할 수 없었습니다. 그에게 남아 있는 어떤 이야기 하나가 종이 되어 힘든 삶을 살던 시간에 점점 분명하게 느껴졌기 때문입니다.

그 이야기는 아버지 야곱에게 들었던 이야기입니다. 증조 할아버지 아브라함, 할아버지 이삭, 그리고 아버지 야곱이 경험한 여호와 하나님에 대한 이야기입니다. 그 이야기는 우리가 가나안에 있는 수많은 족속과 다르다고 했습니다. 우리에게는 여호와 하나님이라는 특별한 신이 있고, 그 신이 우리를 저 먼 갈데아 우르라고 하는 지역에서 불러내어 이곳 가나안까지 이끌었다는 것입니다. 그 신은 지금도 아브라함과 언약을 맺고 있으며, 이 집안의 모든 이를 특별히 돌보신다는 것입니다.

처음에는 그 이야기가 믿기지 않았습니다. 지금 자기 상황을 보면 그런 말이 나오느냐는 것이지요. 그런데 시간이 지나면서 점점 그 이야기가 믿어지고 그 하나님이 믿어졌습니다. 눈에 보이는 무엇인가가 나아져서가 아닙니다. 여전히 노예로 살아가야 하는 일상이지만, 그 일상에 최선을 다할 힘이 생겼습니다. 그저 사는 것이 목적인 다른 노예들처럼 살 수 없었습니다. 아브라함과 이삭과 야곱의 하나님을 믿었기에 그는 그 하나님과 동행하는 삶을 선택했습니다. 눈물이 그쳤습니다. 요셉의 눈이 빛나기 시작했습니다. 그리고 그가 할 수 있는 최선으로, 그에게 주어진 노예의 삶을 살아 내기 시작했습니다.

그 후 10년이 지나 요셉의 나이 스물일곱 살이 되었습니다. 그는 왕의 경호 대장 보디발의 집 가정 총무가 되었습니다. 노예로서 올라갈 수 있는 최고의 자리였습니다. 대부분의 자유민보다 큰 힘을 가진 자리입니다. 왕의 측근인 보디발의 집은 작은 궁궐이었습니다. 그 집에 있는 많은 노예와 그 재산 전체를 관리하는 자리였습니다. 전혀 노예스럽지 않던 요셉의 삶이 보디발의 눈에 들었던 것입니다.

그런데 스물일곱 살의 빛나는 청년 요셉을 바라보는 끈적끈적한 시선이 있었습니다. 바로 보디발의 아내, 여주인의 시선이었습니다. 이야기가 이상하게 진행됩니다. 여주인이 요셉과 성적인 일탈을 계획하게 됩니다. 집요하고 치명적인 유혹이었습니다. 그런데 요셉은 이 여인의 유혹으로부터 자신을 지켜 냈습니다. 그가 유혹을 이길 수 있었던 힘이 그가 믿고 신뢰하는 여호와 하나님 때문이었습니다.

> 그런즉 내가 어찌 이 큰 악을 행하여 하나님께 죄를 지으리이까 (창 39:9b).

하나님의 눈앞에서 큰 악을 행하는 죄를 지을 수 없다는 것입니다. 지난 10여 년 동안 요셉은 하나님 앞에서 사는 것을 선택했고, 훈련했고, 이 유혹에 넘어가지 않을 만큼 단단해진 것입니다. 요셉은 멋진 하나님의 청년이 되어 있었습니다.

그런데 우리는 요셉의 이 승리가 그의 성공으로 끝나지 않는다는 것을 알고 있습니다. 보디발의 아내가 이 일에 관하여 자신이 수치를 당했다고 여기고 요셉에게 누명을 씌웠기 때문입니다. 자신의 유혹을 피해 도망간 요셉의 겉옷을 증거물로 들이밀고, 요셉을 고발했습니다.

요셉은 전혀 두렵지 않았습니다. 사람들이 자신을 믿어 줄 거라 생각했기 때문입니다. 지난 10년간 그가 살았던 삶을 다 알고 있는 주변의 종들과 자신을 인정하고 가정 총무로까지 세워 준 보디발의 눈을 믿은 겁니다. 보디발이 누구입니까? 왕의 경호 대장입니다. 경호 대장은 말의 참과 거짓을 구별하는 것이 일인 사람입니다. 경호 대장의 눈으로 본 요셉은 지난 10년 동안 신실했습니다. 요셉의 신앙과 양심에 대해 보디발은 정확하게 알고 있었습니다. 요셉은 보디발에 대한 신의도 지켰습니다. 그리고 자신를 지키시는 하나님이 이 상황에서도 자신을 지키실 것을 믿은 것이지요. '나는 죄 짓지 않았으니 괜찮을 거야'라고 생각한 것입니다.

그런데 상황은 다르게 흘러갔습니다. 보디발이 아내의 말을 듣고 분노합니다. 그러더니 명령합니다. "저 배은망덕한 요셉을 잡아 가둬라!" 이게 도대체 무슨 상황일까요? 분명히 보디발의 눈은 이 모든 일의 전말을 알고 있는 눈입니다. 요셉의 정당함과 아내의 부정함을 알고 있습니다. 그런데 지금 보디발의 입에서 나오는 소리는 "요셉을 감옥에 가둬라"입니다. 요셉은 이해가 안 됩니다. 사병들이 와서 요셉의 두 팔을 붙잡아 끌고 갑니다. 요셉은 보디발을 향해 소리를 질렀습니다. "주인님, 당신은 나를 아시지 않습니까? 나는 무죄입니다. 나는 당신과의 신의를 지켰습니다. 당신은 이 모든 것을 알고 있습니다." 보디발은 요셉의 시선을 피합니다. 예전에 형 유다가 자신의 시선을 피한 것처럼 말입니다.

요셉의 눈에서 피눈물이 납니다. 무엇 하나 자기가 잘못한 것이 없습니다. 그리고 그곳에 모인 모든 이가 자기의 무고함을 알고 있었습니다. 그런데 감옥으로 끌려가고 있습니다. 10년 동안 쌓아 온 모든 것과 모든 수고가 무너져 버렸습니다. 청년 요셉의 눈에서 눈물이 흐릅니다. 이것이 요셉의 두 번째 울음입니다.

세 번째 울음 :
서른아홉 살의 총리, 숨어서 통곡하다!

요셉의 세 번째 울음은, 3년간의 감옥 생활을 마치고 총리가 된 지 9년이 되었을 때 있었습니다. 이제 요셉은 서른아홉 살의 장년입니다. 애굽의 둘째 권력자로 모든 것을 다 쥘 수 있는 사람인데, 요셉은 지금 울고 있습니다.

> 요셉은 그의 형들을 알아보았으나 그들은 요셉을 알아보지 못하더라 요셉이 그들에게 대하여 꾼 꿈을 생각하고 그들에게 이르되 너희는 정탐꾼들이라 이 나라의 틈을 엿보려고 왔느니라(창 42:8, 9).

가나안 땅에 기근이 시작되었습니다. 창고에 비축해 놓았던 곡식이 바닥났습니다. 그 와중에 '애굽에는 먹을 것이 있다'는 소식이 들려왔습니다. 야곱은 아들들을 애굽으로 보내서 곡식을 사 올 것을 요청했고, 야곱의 열 아들이 곡식을 사러 애굽으로 갔습니다. 그리고 그 곡식을 사는 과정에서 애굽의 총리 요셉을 만납니다. 그들은 요셉을 알아보지 못합니다. 그 이유는 애굽인들의 두꺼운 화장 때문이었고, 요셉이 중간에 통역을 세워 말하며 형들과 거리를 두었기 때문입니다.

> 그들 사이에 통역을 세웠으므로 그들은 요셉이 듣는 줄을 알지 못하였더라 요셉이 그들을 떠나가서 울고 다시 돌아와서 그들과 말하다가 그들 중에서 시므온을 끌어내어 그들의 눈앞에서 결박하고(창 42:23, 24).

요셉은 형들을 떠나서 울고 다시 돌아오는 모습을 보여 줍니다. 이것이 요셉의 세 번째 울음입니다. 요셉이 운 이유는 통역을 통해 들은 말 때문입니다. 무슨 말일까요?

그들이 서로 말하되 우리가 아우의 일로 말미암아 범죄하였도다 그가 우리에게 애걸할 때에 그 마음의 괴로움을 보고도 듣지 아니하였으므로 이 괴로움이 우리에게 임하도다 르우벤이 그들에게 대답하여 이르되 내가 너희에게 그 아이에 대하여 죄를 짓지 말라고 하지 아니하였더냐 그래도 너희가 듣지 아니하였느니라 그러므로 그의 핏값을 치르게 되었도다 하니 (창 42:21, 22).

요셉은 지금 형들의 정신과 도덕적 상태가 어떠한지 알아보기 위해 형들을 애굽을 정탐하러 온 스파이로 몰았습니다. 그리고 형들 가운데 한 사람을 잡아 감옥에 가두고 나머지로 하여금 그들이 형제라는 것을 증명할 수 있는 막내를 데려 올 것을 요구했습니다. 요셉이 히브리 말을 할 줄 모른다고 생각한 큰형 르우벤이 형제들에게 말합니다. "지금 우리가 이 괴로운 일을 당하는 이유는, 이전에 우리가 동생 요셉에게 저지른 죄에 대한 징계다. 그날 우리가 애걸하는 요셉의 비통함에 반응하지 않았기 때문에 오늘 우리가 이렇게 괴로운 일을 당하는 것이다."

갑자기 형들이 자신에 대한 이야기를 한 겁니다. 벌써 20년도 더 지난, 자기가 팔려 왔던 그 비참한 날에 대한 이야기를 하는 것이지요. 요셉 앞에서, 가해자인 형들이 "그때 요셉을 그렇게 하지 말았어야 했다"며 후회와 함께 이야기하고 있는 것입니다. 요셉은 그 자리에 가만히 머물러 있을 수가 없었습니다. 마음속 깊이 묻어 둔 22년 전의 절망과 상처가 치밀어 올라왔기 때문입니다. 총리가 되어 9

년을 살면서 이제는 지워질 만도 한데, 그날의 이야기가 들리자마자 요셉의 감정이 출렁였습니다. 마음의 상처가 아문 줄 알았습니다. 그런데 아니었습니다. 그냥 상처 위에 딱지만 앉아 있는 상태인 것입니다. 묵혀 둔 고통과 절망과 슬픔과 분노의 감정이 올라온 것입니다. 참으려 해도 참을 수가 없었습니다. 총리가 된 요셉이 잠깐 형들 앞에서 물러났습니다. 그리고 아무도 보지 않는 곳에서 홀로 통곡했습니다. 이것이 그의 세 번째 울음입니다.

네 번째 울음 :
울음의 의미를 이해한 자, 방성대곡하다

이제 우리는 마지막 울음까지 왔습니다. 이 장에서 다루는 본문 속에 있는 울음입니다.

> 요셉이 시종하는 자들 앞에서 그 정을 억제하지 못하여 소리 질러 모든 사람을 자기에게서 물러가라 하고 그 형제들에게 자기를 알리니 그때에 그와 함께한 다른 사람이 없었더라 요셉이 큰 소리로 우니 애굽 사람에게 들리며 바로의 궁중에 들리더라(창 45:1, 2).

요셉은 놀라운 절제력을 가진 사람입니다. 전혀 마음의 준비 없이 자신을 팔아 버린 형들을 만났을 때도 자신의 감정을 통제했습니다. 그런데 지금 요셉은 자신의 감정을 주체할 수가 없습니다. 그는 주변에 있는 애굽 사람들에게 모두 나가라고 외쳤습니다. 그리고 울기 시작합니다. 2절에 "요셉이 큰 소리로 우니"로 되어 있는데, 개인적으로 이 부분은 개역 한글 성경의 번역이 더 좋은 것 같습니다. "방성대곡"(放聲大哭), '큰 소리를 내어 곡을 한다'는 것입니다. 요셉은 자신의 감정을 애굽 사람들에게 보이지 않으려 했습니다. 그러면 애굽 사람들이 나간 후, 그 방에 있는 사람들이 들을 정도로만 울었어야 합니다. 그런데 요셉은 더 이상 감정을 조절할 수 없었습니다. 그는 큰 소리로 울었습니다. 그리고 그 울음소리는 애굽 사람에게도 들렸고, 심지어 바로의 궁중에까지 들릴 정도였습니다. 그의 울음이 애굽의 모든 이에게 알려졌다는 것입니다. 요셉은 왜 울었을까요?

> 당신들이 나를 이곳에 팔았다고 해서 근심하지 마소서 한탄하지 마소서 하나님이 생명을 구원하시려고 나를 당신들보다 먼저 보내셨나이다 하나님이 큰 구원으로 당신들의 생명을 보존하고 당신들의 후손을 세상에 두시려고 나를 당신들보다 먼저 보내셨나니(창 45:5, 7).

요셉은 형들과 만난 이 자리에서 '한 가지'를 깨달았습니다. '내 삶에 일어난 모든 일, 지난 모든 시간의 의미'입니다. 요셉에게는 해결되지 않은 질문이 있었습니다. '나는 왜 여기에 이렇게 있느냐?'는 질문입니다. 자신이 형들에게 팔려 보디발의 집에 가게 된 것, 보디발의 집에서 일하다 억울하게 감옥에 간 것, 그리고 그 감옥에서 나와 왕궁에 들어와 총리로 살게 된 것 모두 자신이 원해서 된 것이 아니기 때문입니다. 그냥 아버지 야곱의 후계자로 가나안 땅에 살다가 그 집안을 이어받아 살고 싶었는데 왜 이렇게 떠돌아다니는 인생이 되었느냐는 질문입니다.

장소만 그런 게 아닙니다. 요셉의 인생에 일어난 수많은 일을 생각해 보면, 그가 원해서 그런 지위를 얻은 것이 아닙니다. 채색 옷을 입은 야곱의 후계자가 된 것도, 애굽 왕 바로의 경호 대장 보디발의 종이 된 것도, 죄수가 된 것도, 애굽의 총리가 된 것도, 요셉이 계획한 일이 아닙니다. 요셉은 그저 하나님과 동행하여 하루하루를 살았을 뿐입니다. 그는 그런 자기 삶의 굴곡의 이유를 물었습니다. 그러나 답을 찾지는 못했지요. 그런데 이 순간, 요셉은 자신의 삶 가운데 있던 모든 일의 이유, 그 오랜 의문의 답을 찾은 것입니다.

"형님들, 형님들이 나를 애굽으로 판 것에 대해 너무 자책하지 마십시오. 저를 애굽으로 팔려 가게 하신 이는 하나님입니다. 하나님의 계획입니다. 하나님이 이 기근의 때에 우리 집안을 보존하시기 위해 나를 먼저 애굽으로 보내셨고 이런 직위를 주셨습니다. 이제까지 제 삶에 일어난 모든 일, 그리고 심지어 형님들이 나를 팔았던 그 악한 일까지도 선하신 하나님의 크신 계획 가운데 있는 일들이었습니다. 이제야 저는 제가 여기 왜 이 모양으로 있어야 했는지 알게 되었습니다."

성도:
네 번째 울음을 고대하며, 울며 이 땅을 걸어가는 자

이제 이 말씀을 우리에게로, 이 요셉의 이야기를 우리 삶 가운데로 가져와 봅시다. 이 땅을 살아가는 우리는 끊임없이 찾아오는 수수께끼를 경험합니다. 우리에게는 아픈 이야기가 매우 많습니다. 소외와 상실, 고통과 절망의 이야기가 너무 많습니다. 감염병의 시기를 지나면서 전 세계가 신음합니다. 그 속에서 우리의 신음 또한 깊어집니다. 우울해하고 분노합니다. 그리고 그것이 당연하다고 말합니다.

건강하던 몸에 병이 생기거나, 병든 몸이 회복되지 않습니다. 청년들 가운데, 오래 준비하던 취업과 진로가 막혔다는 이야기가 자주 들립니다. 뭔가 자기에게 잘못이 있어서 그런 일이 생긴다면 이렇게 화가 나지는 않을 것입니다. 그런데 이건 도무지 우리 능력 밖의 일입니다. 전 지구가 감염병으로 신음하는데 우리보고 어쩌란 말입니까? 그렇게 우리 삶에는 우리가 어찌할 수 없는 문제에서 비롯되는 울음이 너무 많습니다. 나의 잘못도, 우리의 잘못도 아닌데, 우리로 하여금 통곡하게 만드는 일이 너무 많은 것이지요.

이럴 때 우리가 믿어야 하는 것이 이것입니다. 이 모든 의문이 '해결될 날'이 있을 것이란 사실이지요. 요셉에게는 열일곱 살 때의 울음, 스물일곱 살 때의 울음, 서른아홉 살 때의 울음이 있었지만, 결국 그 모든 울음의 이유를 알려 주시는 하나님의 날이 있었습니다. 요셉은 그날에, 이전에 울던 것과 비교할 수 없는 기쁨과 감격의 울음으로 하나님을 찬양했습니다. 그는 방성대곡했습니다. 그의 인생에 있던 울음들의 의미가 해석되는 날이었기 때문입니다. 그는 너무 기뻐 춤추며 울었습니다. 그리고 그 앞에 있던 자신의 원수, 자신을 팔아 종이 되게 한 그 원수, 자신을 구덩이에 집어던지고 그 위에서 밥을 먹으며 깔깔거린 그 원수, 형들을 용서하기에 이릅니다. 자신의 인생을 향한 하나님의 계획을 알게 되었기에 할 수 있는 용서입니다.

우리는 우울해하기에도, 분노하기에도 좋은 시절을 살고 있습니다. 그러나 우리는 세상과 같이 반응할 수 없습니다. 분노하고 원망하고 복수하기를 선택할 수 없습니다. 왜일까요? 우리의 모든 삶이 하나님의 크신 계획 아래 있음을 믿기 때문입니다. 이 진리를 믿으십시오. 그리고 이 날을 소망하십시오. 요셉이 울던 이 울음이 우리의 울음이 되게 해달라고 구하십시오. 그 기쁨의 눈물을 흘리는 날을 소망하며, 오늘 사랑하기를, 오늘 원수 갚지 않기를, 오늘 용서하기를 선택하십시오.

그날에 우리 다 함께, 하나님의 그 크신 지혜에 감탄하며, 그 수를 헤아릴 수 없음에 감격하기를 기대합시다. 우리가 이 모든 것을 완전히 이해하지는 못하지만, 그럼에도 이 진리를 믿으며, 견디며 살던 자신을 대견해하고, 함께 방성대곡할 수 있기를 바랍니다.

모세의 부모

그가 그를 불쌍히 여겨 이르되 이는 히브리 사람의 아기로다

믿음으로 양육하라

출 2:1-10

믿음은 어디에서

'가정과 신앙'이라는 주제로 말씀을 나누다 보면 때로는 조금 소외감을 느끼는 분들이 있는 것 같습니다. 슬하에 자녀가 없는 분, 일찍 부모님을 여읜 분, 또 아직 결혼하여 가정을 이루지 않은 분에게는 이런 주제의 말씀이 잘 들리지 않을 테니까요. '정상'이라고 불리는 너무나 정형화된 가정만을 염두에 두고 메시지가 전해지는 게 아닌가 하는 생각도 듭니다. 충분히 그럴 수 있겠다 싶어서 적용 범위를 조금 더 확장해 보도록 하겠습니다. 혈연에 근거한 가정을 넘어 영적인 가정으로 그 범위를 확장해서 본문을 보고 원리를 찾고 적용하는 방식으로 말씀을 나누려고 합니다.

이 장에서 살펴볼 본문은 모세의 탄생과 관련된 이야기입니다. 애굽에 살고 있는 이스라엘 백성은 처음에 70여 명 밖에 되지 않 지만 400여 년이라는 세월이 흘러, 200만 명 이상으로 불어나 애굽의 두려움이 되었습니다. 모세는 이런 이스라엘 백성을 출애굽시키는 위대한 이야기의 주인공입니다. 그런데 이 이야기는 모세에서 시작하는 것이 아니라 그의 부모에서 시작합니다. 그러고 보면 우리는 성경의 많은 인물이 단지 자신이 살던 때에 믿음을 갖게 되어 그 믿음으로 위대한 인물이 되었다기보다, 일찍이 그들에게 믿음을 전수하여 준 이들이 있었다는 기록을 많이 보게 됩니다.

모세의 부모가 한 일

먼저 모세의 탄생과 성장을 위해 모세의 부모가 한 일을 살펴보겠습니다.

> 레위 가족 중 한 사람이 가서 레위 여자에게 장가들어 그 여자가 임신하여 아들을 낳으니 그가 잘생긴 것을 보고 석 달 동안 그를 숨겼으나 더 숨길 수 없게 되매 그를 위하여 갈대 상자를 가져다가 역청과 나무 진을 칠하고 아기를 거기 담아 나일 강가 갈대 사이에 두고 그의 누이가 어떻게 되는지를 알려고 멀리 섰더니 (출 2:1-4).

이 장에서 다룰 내용은 출애굽기 1장에 나와 있는 사건들을 알지 않고는 이해하기 어렵습니다. 왜 임신하여 아들을 낳았는데 그 아들을 숨겨야 했던 것일까요? 그리고 3개월쯤 된 아기를 왜 갈대 상자에 넣어 나일 강가에 둬야 했던 것일까요? 1장에 보면 이스라엘의 후손 70명이 애굽의 총리가 된 요셉의 인도를 받아 애굽의 고센 지역에 들어가 정착하게 됩니다. 그리고 400여 년이 흐른 후, 요셉을 알지 못하는 새로운 왕조가 애굽을 집권하게 됩니다. 그런데 그 새로운 왕조가 보기에 히브리인 수가 너무 많았습니다. 히브리인 수가 계속 늘어나 폭동을 일으킬 것을 두려워한 애굽 왕조는 본격적으로 히브리인들을 핍박했습니다. 더 많은 노역을 시켜서 죽게 함으로 인구를 줄이려 했고, 산파들에게 남자 아기가 태어나면 죽이라는 명령도 했습니다. 그러나 생각만큼 인구가 줄어들지 않았고, 결국 마지막으로 나온 명령이 다음과 같습니다.

　　그러므로 바로가 그의 모든 백성에게 명령하여 이르되 아들이 태어나거든 너희는 그를 나일강에 던지고 딸이거든 살려두라 하였더라(출 1:22).

　한시적으로 얼마 동안 히브리인 남자의 씨를 말려 버리겠다는 것입니다. 자, 이런 엄중한 상황에서 모세가 태어났습니다. 부모는 이 태중의 아기가 여자 아기이기를 간절히 바랐을 것입니다. 그런데 남자 아기였습니다. 이 아기를 바로의 명령대로 나일강에 던져야 했습니다. 그러나 던질 수가 없었습니다. 왜 그랬을까요? 그 아기가 잘생겼기 때문입니다. 어떤 분들은 이 부분과 함께 이후에 바로의 딸이 갈대 상자 안에서 모세를 발견하고 자신이 키우겠다고 한 것도 모세가 특별하게 잘생긴 아기였기 때문이라고 말하기도 합니다. 그런데 막 태어난 아기가 잘생기면 또 얼마나 잘생겼겠습니까? 이 표현은 단지 외형을 말하는 것이 아닙니다. 개역 한글 성경에는 '준수함'이라고 번역되어 있습니다. 외형적 아름다움이라기보다는 내적인 아름다움을 말하는 것입니다. 태어난 아기를 보는데 무언가 그 아기 안에 있는 또 다른 것이 보인 것입니다. 무엇일까요? 부모의 눈에 이 아기는 절대 잃어버릴 수 없는 아기라는 확신을 주는 무언가가 있던 것입니다.

모세의 부모는 모세를 3개월간 숨겨 키웁니다. 그런데 3개월이 넘어가면서 모세를 숨겨 키우기가 어려워졌습니다. 아기의 울음소리가 점점 커지고 아기를 위해 필요한 것이 많아집니다. 요즘 같은 시대가 아닙니다. 이웃에서 일어나는 대부분의 일을 알 수 있는 그런 세상이었습니다. 모세의 부모는 모세를 위해 특별한 계획을 세웁니다. 바로의 딸이 목욕을 하러 나오는 나일 강가에 모세를 두는 것입니다. 영화를 보고 오해하는 분들이 있는데 모세의 부모는 모세를 나일강에 흘려보낸 것이 아닙니다. 잘 만든 특별한 요람에 모세를 담아, 바로의 딸이 지나가면서 볼 수 있는 강가에 둔 것입니다. 그리고 상황이 어떻게 진행되는지를 볼 수 있도록 모세의 누나인 미리암을 그 근처에 대기시켜 놓았습니다. 이것이 모세의 부모가 한 일입니다.

그 모든 일을 할 수 있는 이유

우리는 모세의 부모가 한 일을 더 깊이 살펴볼 필요가 있습니다. 이것은 당시 히브리인들 사이에서도 아주 특별한 행동 방식이었기 때문입니다. 히브리인은 대부분 그 시절에 아들을 낳으면 나일강에 던졌을 것입니다. 아니, 아기를 몹시 사랑한 나머지 숨겨 키우다가 발각되어 어려움을 겪게 된 이들도 있었을 것입니다. 그러나 모세 같은 방식으로 키워진 경우는 없었습니다. 그렇게 할 수 있던 이유는 무엇일까요? 성경은 그것을 믿음 때문이라고 말합니다.

> 믿음으로 모세가 났을 때에 그 부모가 아름다운 아이임을 보고 석 달 동안 숨겨 왕의 명령을 무서워하지 아니하였으며(히 11:23).

히브리서 11장은 믿음의 조상들에 대한 이야기들이 나오는 '믿음장'입니다. 우리는 언뜻 23절 내용을 보면서 "믿음으로 모세가"라는 구절 때문에 모세의 믿음을 설명하는 것이라고 생각합니다. 그런데 아닙니다. 여기서 믿음으로 행동하는 이는 모세가 아니라 모세의 "그 부모"입니다.

부모가 모세를 보았습니다. 그리고 모세 안에 있는 특별한 것을 알았습니다. 그래서 그들은 당시 가장 강력한 왕, 스스로를 신이라 부르던 바로의 명령을 두려워하지 않고 아기를 키우기로 결단했습니다. 그럼, 이 부모가 3개월이 지난 후에 모세를 나일강에 띄운 행동은 어떻게 이해해야 할까요? 믿음이 없어졌고, 왕의 명령이 두려워진 것일까요? 아닙니다. 출애굽기를 기록한 모세는 그 사건이 믿음이 없어 생긴 일이 아니라는 것을 한 단어를 통해 보여 줍니다. 2장 3절에 나오는, 아기를 담은 상자를 의미하는 특별한 단어입니다. 모세의 부모는 모세를 위해 "갈대 상자"를 만들었습니다. 여기서 '(갈대) 상자'로 번역된 단어는 히브리어로 '테바'(חבה)입니다. 성경 전체에서 딱 두 번 밖에 쓰이지 않은, 모세 시대에도 잘 사용하지 않던 특별한 단어입니다. 그렇다면 다른 한 번은 어디에 쓰였을까요?

> 너는 고페르 나무로 너를 위하여 방주를 만들되 그 안에 칸들을 막고 역청을 그 안팎에 칠하라 (창 6:14).

이 히브리어 '테바'는 노아가 만든 '방주'를 가리킬 때 쓰인 단어입니다. 모세의 부모에게는 믿음이 있었습니다. 아기를 위해 갈대로 상자를 만들면서, 이 상자가 '아들을 위한 구원의 방주'가 될 것을 믿은 것입니다. 그리고 그 믿음을 가지고 만든 상자에 3개월간 키운 아들을 넣은 것입니다. 하나님이 이 아들을 구원하실 것, 이 아들에게 생명을 주실 것을 믿음으로 바라보고 한 행동이시요. 아기를 키운 것도, 아기를 갈대 상자에 넣은 것도 다 믿음의 행동이었습니다. 생명을 걸고 아들을 돌본 것도, 그 생명 같은 아들을 강가에 띄운 것도 믿음의 행동이었던 것입니다.

부모가 믿음으로 행한 결과

자, 믿음의 행동이 낳은 결과는 무엇일까요?

> 바로의 딸이 목욕하러 나일강으로 내려오고 시녀들은 나일 강가를 거닐 때에 그가 갈대 사이의 상자를 보고 시녀를 보내어 가져다가 열고 그 아기를 보니 아기가 우는지라 그가 그를 불쌍히 여겨 이르되 이는 히브리 사람의 아기로다 그의 누이가 바로의 딸에게 이르되 내가 가서 당신을 위하여 히브리 여인 중에서 유모를 불러다가 이 아기에게 젖을 먹이게 하리이까 바로의 딸이 그에게 이르되 가라 하매 그 소녀가 가서 그 아기의 어머니를 불러오니 바로의 딸이 그에게 이르되 이 아기를 데려다가 나를 위하여 젖을 먹이라 내가 그 삯을 주리라 여인이 아기를 데려다가 젖을 먹이더니(출 2:5-9).

바로의 딸이 곧 목욕하러 나왔습니다. 시녀들은 바로의 딸이 목욕하는 주변을 철저하게 점검해야 했지요. 그리고 갈대 사이에서 상자 하나를 발견합니다. 가져와서 그 상자를 보았는데, 그 속에 담겨 있는 아기가 울고 있습니다. 바로의 딸의 마음에 불쌍한 마음이 밀려옵니다. "이는 히브리 사람의 아기로다." 바로의 딸은 이 아기가 누군지 알고 있습니다. 아버지의 명령 때문에 나일강에 던져진 히브리 사람의 남자 아기들 중 한 명이라는 것을 말입니다. 그때 그 장면을 보고 있던 누나 미리암이 등장합니다. 그리고 바로의 딸에게 제안합니다. "내가 가서 당신을 위하여 히브리 여인 중에서 유모를 불러다가 이 아기에게 젖을 먹이게 하리이까?"

사실 이 장면에서 미리암이 등장해서는 안 됩니다. 당연히 의심을 받을 수밖에 없기 때문입니다. 갈대 상자가 나일 강가에 있는 것도 이상한데, 이 갈대 상자 안에 히브리 아기가 있습니다. 그리고 아기를 보고 있는데 히브리 여자가 오더니, 혹시 유모가 필요하지 않느냐고 묻습니다. 합리적인 사고를 하는 사람이라면 머릿속에 그림이 그려지지 않습니까? '이 여자가 이 상자에서 발견된 아기와 관계가 있겠구나. 갑자기 나타나서 유모를 찾아 주겠다고 하는데, 그 유모가 이 아기의 엄마겠구나.' 전문 용어로 설계가 있었다는 것입니다.

그런데 바로의 딸은 그러한 노골적인 사기에 응합니다. "이 아기를 데려다가 나를 위하여 젖을 먹이라 내가 그 삯을 주리라." 바로의 딸은 기분 좋게 속아 주기로 합니다. 심지어 그 유모에게 정해진 급료도 지불하겠다고 약속합니다. 데려올 기약을 정하고 아기를 즉시 미리암에 손에 맡겨 엄마에게 놀려보냅니다.

어떤 학자들은 이 부분을 참 복잡하게 설명합니다. 단어와 문법을 연구해서 이 일이 어떻게 일어났는지를 설명합니다. 심지어 제가 본 한 주석은 이 부분을 이렇게 설명합니다. "바로의 엄명을 거역하면서까지 이런 생명에게 인정을 베푸는 공주의 휴머니즘이 돋보인다." 그런데 아이를 키워 보신 분이라면 아실 테지만, 이것은 이 모든 사정을 알고, 이 아기의 생명을 지켜 줄 수 있는 힘이 있다면, 알지만 속아 줄 수 있는 그런 일 아닌가요? 복잡하게 설명하지 않아도 충분히 고개가 끄덕여지는 이야기가 아니냐는 것입니다. 모세의 엄마, 모세의 누나, 모세의 새엄마인 바로의 딸, 이 여인들의 마음이 하나가 된 것입니다. 그리고 그 특별한 사랑과 헌신, 그리고 그 믿음의 결과, 모세는 생명을 얻습니다. 모세의 어머니는 이 세상 최초로 자기 자식에게 젖을 먹이면서 양육비를 받은 사람이 됩니다. 모세는 이렇게 어머니 품에서 자라 바로 딸의 아들이라는 신분을 얻습니다. 그리고 '모세'라는 이름을 얻게 됩니다.

부모가 믿음으로 행하게 만든 바른 지식

지금까지 구원자 모세가 태어나고 성장할 수 있던 배경을 살펴보았습니다. 이 이야기의 주인공은 모세가 아닌 모세의 부모입니다. 어머니 요게벳만 이야기하면 안 되는 게, 분명 이 모든 과정을 남편과 이야기했을 것이기 때문입니다. 그래서 히브리서 기자 역시 "그 부모"가 믿음으로 그런 일을 했다고 밝혔습니다.

이제 이 이야기에 담긴 몇 가지 실천적 원리를 정리해 보겠습니다. 자녀나 손주가 있는 분이라면 곧바로 자신의 삶에 적용하시면 됩니다. 아직 자녀가 없다면 자녀가 생겼을 때를 생각하며 준비하시기를 바랍니다. 그리고 혈연을 통한 자녀가 없으신 분들은 하나님이 이미 내 삶 가운데 주신, 내가 돌봐야 할 영적인 아이를 품고 적용하십시오.

1) 세상을 두려워하지 마십시오
: 모세의 부모는 바로의 명령을 두려워하지 않았습니다

바로는 하나님 나라 백성의 구원자가 태어나는 것을 원하지 않았습니다. 그래서 아예 태어나지 못하게 하려 했고, 태어난 이들이 있다면 나일강에 던지라고 명령했습니다. 비슷하게 예수님이 태어나시던 때, 헤롯이 베들레헴의 아기들을 학살했습니다. 여기서 '바로 = 헤롯 = 사단 = 세상'이라는 등식이 성립될 수 있습니다. 그리고 이 일은 계속해서 역사 속에서 일어났고, 지금도 일어나고 있습니다.

사단은 우리 자녀가 하나님 백성으로 태어나고 자라는 것을 원하지 않습니다. 세상도 우리 자녀가 신실한 하나님의 자녀로, 하나님 나라의 꿈을 꾸고 그 나라를 위해 살아가는 자로 커 가는 것을 원하지 않습니다. 그래서 끊임없이 그 부모를 위협합니다. 아이를 그렇게 키우면 망한다고 겁을 주는 것입니다. 더 나아가 아이를 '나일강'에 던지라고 하는 것입니다. 나일강은 '세상의 품속 = 시대 성신'입니다. 이 세상이 말하는 다양한 기준, 수많은 평가 기준에 맞추라고 하는 것이지요. 자녀를 키우는 분들이 정말 어려워하는 것이 또래 아이 엄마들과의 모임입니다. 세상의 수많은 가치관이 쏟아져 들어옵니다. 그리고 그 가치관대로 아이를 키우지 않으면 우리 아이가 망하지 않을까 하는 두려움이 생깁니다. 결국 세상의 소리들이 말하고, 세상의 지혜자들이 이끄는 대로 아이를 키우게 됩니다. 바로의 말을 듣고 '나일강'에 던지는 것이지요.

여러분, 세상을 두려워하지 마십시오. 바로와 헤롯을 두려워하지 마십시오. 사단이 하는 거짓말에 떨지 마십시오. 모세의 부모는 바로의 명령을 어겼지만 모세는 죽거나 망하지 않았습니다. 세상과 다르게 키운, 믿음대로 키운 우리 아이들은 절대로 망하지 않습니다. 우리 주님이 그 물에서 건지시는 구원을 베푸시기 때문입니다.

2) 자녀 안에 깃든 하나님의 꿈을 보십시오
: 모세의 부모는 모세 안에서 하나님의 계획을 보았습니다

모세의 준수함을 봤을 때, 부모는 모세를 향한 하나님의 계획이 있다는 것을 알았습니다. 그리고 모세 안에 있는 하나님의 계획을 봤을 때, 그 부모는 모세를 나일강에 던질 수 없다는 것을 확신했습니다.

여러분, 우리 자녀들은 그저 주어진 생명이 아닙니다. 창세전부터 하나님이 세워 놓으신 뜻과 계획 속에서 우리에게 찾아온 한 생명입니다. 지금 내 앞에 한없이 연약한 모습으로 있는 그 아기, 정말 대책 없어 보이는 그 청소년, 너무 오랜 시간 헤매는 장성한 그 자녀, 모든 자녀 안에 하나님의 계획과 꿈이 있습니다. 믿음의 부모

는 바로 그것을 보는 사람입니다. 믿음의 부모는 보이지 않는 것을 보는 이들입니다. 세상은 온통 눈에 보이는 것만으로 한 인생을 평가합니다. 이런저런 시험을 봐서 평균 이하의 성적을 받으면 낙오자라는 타이틀을 얻게 됩니다. 그런데 믿음의 부모는 자녀를 그렇게 보지 않습니다. 하나님이 내 자녀를 왜 이렇게 빚으셨을지 생각합니다. 우리 자녀가 가지고 있는 독특함에 주목합니다. 그리고 그 독특함으로 어떻게 하나님에게 영광 돌릴 수 있을지 생각합니다. 그래서 그 자녀에게 살길을 찾아 주고 함께 기대하며 함께 걸어가 주는 것입니다.

눈에 보이는 것이 전부가 아닙니다. 눈에 보이지 않지만 더 중요한 것이 너무나 많습니다. 우리를 몹시 사랑하시는 하나님이 내게 보내신 자녀를 품고 이 자녀를 향한 하나님의 꿈이 무엇인지 물으십시오. 그리고 그 꿈을 이뤄 갈 수 있도록 돕는 이들이 되어 주십시오. 온통 보이는 것으로 자녀의 생명의 가치를 평가하는 세상 속에서, 세상과 전혀 다른 기준으로 자녀를 바라보는 믿음의 부모가 되시기 바랍니다.

3) 자녀를 위해 할 수 있는 최선을 다하십시오
: 부모는 모세를 위해 그들이 할 수 있는 최선을 다했습니다

하나님의 주권을 신뢰한다고 하면서 자신의 열심을 다하지 않는 경우가 종종 있습니다. 하나님을 믿으니 자신은 기도만 하겠다면서 부모로서 마땅히 해야 할 양육에 최선을 다하지 않는 것입니다.

중학교 2학년 때, 저를 집요하게 괴롭히던 친구가 있었습니다. 그 친구는 3학년 때 같은 반 친구를 칼로 찔러서 결국 학교를 중퇴했습니다. 그 친구가 저를 괴롭힌 이유는 제가 목사의 아들이기 때문이었습니다. 그 친구의 엄마는 열심히 신앙생활하시는 교회 권사님이었는데 새벽에 교회에 가면 3시간씩 기도하셨더랍니다. 그렇게 기도를 길게 하다 보니 중학생인 아들의 아침도 챙겨 주지 못하고 도시락도 싸 줄 수 없었습니다. 날마다 아침에 천 원을 받아 와서 아침과 점심을 매점에서 해결했습니다. 그런데 어느 날, 그 친구가 자기 엄마가 정말 이해 안 된다면서 엄마가 자기한테 "너는 잘 될 거야. 내가 새벽마다 너를 위해 열심히 기도하니까"라고 말했다는 것입니다. 그 친구는 나중에 그 교회를 불질러 버릴 거라고 말했습니다.

모세의 부모는 모세를 숨기고 3개월간 먹이고 입히고 키웠습니다. 3개월이 지나 더 이상 그 방식으로 키울 수 없게 되었을 때, 모세를 위해 갈대로 상자를 만들었고, 물이 들어오지 않도록 정성스럽게 역청과 나무 진으로 이중 방수 작업을 했습니다. 바로의 딸이 목욕하는 장소와 시간을 확인했고, 그 옆에 누나 미리암을 대기시켜 놓았습니다. 그리고 미리암에게 해야 할 말을 수도 없이 가르쳤을 것입니다. 모세의 부모는 모세가 잘 자랄 수 있도록, 그들이 할 수 있는 최선을 다했습니다.

아이를 위해 기도하는 것이 아이에게 아침밥을 차려 주는 것을 대신할 수는 없습니다. 아이에게 성경을 읽어 주는 것이 아이와 함께 놀이공원에 가는 것을 대신할 수 없지요. 우리는 이것도 하고 저것도 해야 하는 사람들입니다. 내 자녀든 남의 자녀든 또는 영적인 자녀든, 그들이 자라기 위해 필요한 일상의 것이 너무나 많습니다. 함께 시간을 보내고, 물질을 쓰고, 마음을 나누어야 합니다. 그리고 대부분의 경우 부모는 일방적으로 자녀들에게 자신의 것들을 나누어 주는 사람입니다.

부모의 사랑이 가장 구체적인 것으로 자녀들과 다음 세대에게 흘러가기를 원합니다. 이제 막 생명을 얻어 교회 구성원이 된 이들이 정말 구체적인 사랑과 섬김을 받을 수 있게 되기를 바랍니다. 교회의 모든 아이가 눈에 보이는 방식으로, 보이지 않는 우리 주님에게서 나오는 사랑을 경험하고 누릴 수 있게 되기를 소원합니다.

4) 하나님의 주권을 신뢰하십시오
: 모세의 부모는 궁극적으로 하나님의 보호와 인도를 신뢰했습니다

바로의 명령보다 중요한 것은 하나님의 주권이었습니다. 하나님이 이 아기를 통해 무언가를 이루기로 계획하셨다면 그 계획을 바로가 어떻게 막을 수 있겠느냐는 것입니다. 나일 강가 갈대 사이에 갈대 상자를 둘 때도 마찬가지입니다. 최선을 다해 상자를 만들었고, 시간과 장소를 정했습니다. 그런데 바로의 딸인 공주가 오지 않으면 어떻게 됩니까? 공주가 상자를 발견하더라도 그 안에 있는 아기를 보고 죽이라고 하면 어떻게 됩니까? 인간의 보는 계획은 완선하지 못합니다. 그런데도 그 부모는 갈대 상자를 그곳에 두었습니다.

어떻게 그럴 수 있었을까요? 전능하신 하나님이 이 땅을 통치하시며 무엇 하나 그분의 뜻을 벗어날 수 없다는 것을 신뢰했기 때문입니다.

믿음으로 자녀를 키우는 과정에서 우리는 자주 낙심합니다. 생각대로 안 되는 것이 많습니다. 바로의 말이 맞는 것 같고 나일강의 흐름이 옳은 것 같습니다. 이렇게 키우다가 우리 아이가 망하는 게 아닌가 하는 두려움이 밀려올 때가 있습니다. 반대의 경우도 있습니다. 나름 믿음으로 열심히 키웠는데 자녀들이 내가 생각하는 믿음 안에서 살지 않는 것입니다. 부모로서 노력하지 않은 게 아닙니다. 물론 부족한 것이 많겠지만 그래도 많이 노력 했습니다. 그런데 자녀가 믿음 안에서 살지 않는 것입니다.

여러분, 우리는 최선을 다하는 사람입니다. 그러나 결과는 그분에게 있습니다. 우리는 물도 주고 거름도 주고 그늘도 만들어 줍니다. 그러나 열매를 맺게 하시는 이는 하나님입니다. 내 생각대로 되지 않는 이 상황이 답답하고 서운한 마음도 듭니다. 그러나 열매가 하나님에게 있기에 우리는 최선을 다한 후 평안하게 그 결과를 만드실 하나님에게 의탁할 수 있습니다.

하나님이 하실 것입니다. 믿음의 부모가 드리는 기도에 하나님이 응답하실 것입니다. 자녀의 생명이 주 안에서 발견되기를 구하는 부모의 기도, 자신이 섬기는 영혼이 하나님의 은혜로 구원받기를 구하는 교사와 리더의 기도를 우리 하나님이 들으실 것입니다. 그리고 그분은 친히 그분의 때에 그분의 방법으로 그 영혼들 가운데 역사하실 것입니다. 그때 우리는 찬송받기에 합당한 그분을 찬양할 것입니다. 그때까지 우리 주님을 향한 신뢰를 잃어버리지 않는 성도되시기를 바랍니다.

다음 세대에게 믿음의 본이 되라

이 이야기의 결론입니다.

> 그 아기가 자라매 바로의 딸에게로 데려가니 그가 그의 아들이 되니라 그가 그의 이름을 모세라 하여 이르되 이는 내가 그를 물에서 건져 내었음이라 하였더라(출 2:10).

모세는 어머니의 품에서 자랐고, 어느 정도 자란 후 바로 딸의 아들이 되었습니다. 그리고 바로의 손자가 누릴 수 있는 모든 것을 누리고 배우며 이스라엘의 구원자가 되기 위한 준비를 차근차근 하게 됩니다. 그리고 바로의 딸이 이 아기에게 '모세', 즉 '구원자'라는 이름을 붙여 주는 것으로 이야기는 마무리됩니다. 여러분, 우리 하나님은 누구십니까?

모세의 부모는 모세가 이렇게 될 것이라고 생각했을까요? 아마 그렇지는 않았을 것입니다. 이것은 너무 예상 밖입니다. 죽을 수밖에 없던 아기, 갈대 상자에 들어 있던 아기, 자신의 품에서 젖을 먹던 아기, 이 아기가 이스라엘을 구원할 구원자로 자라다니요! 그러나 그 일이 지금 준비되고 있습니다. 어떻게 그렇게 되었습니까? 우리가 믿는 하나님이 그런 일을 행하시는 분이기 때문입니다. 하나님을 찬양하는 기도를 올리는 바울은 에베소서에서 하나님을 이렇게 부르고 있습니다.

> 우리 가운데서 역사하시는 능력대로 우리가 구하거나 생각하는 모든 것에 더 넘치도록 능히 하실 이에게(엡 3:20).

우리가 하나님의 뜻 안에서 다음 세대를 키우고자 할 때, 하나님이 우리와 함께하시며 동시에 우리 자녀와 함께하실 것입니다. 우리가 구하는 모든 것보다 나은 것이 우리 주님에게 있습니다. 그 하나님이 우리 속에서 위대한 일을 하시고 우리는 그것을 경험하게 될 것입니다. 그 하나님의 넘치도록 능히 하실 구원의 역사에 쓰임 받는 나와 우리, 그리고 교회 되기를 축원합니다.

모세

모세가 바다 위로 손을 내밀매

바다 가운데에 난 길로 걸어가라

출 14:13-28

홍해와 바로의 군대 사이에서

앞서 우리는 하나님을 믿고 신뢰하던 신앙의 인물들이 위기 상황 속에서 어떤 선택을 했는지를 살펴보았습니다. 아브라함, 요셉, 그리고 모세의 부모를 보았습니다. 이 장에서는 모세를 살펴보려고 합니다.

야곱의 집안사람들은 애굽의 총리였던 요셉을 통해 애굽으로 이주하여 고센이라는 지역에서 목축을 하게 됩니다. 그들은 애굽인들에게 히브리인으로 불립니다. '하비루'(עברי)라는 단어에서 나온 이 이름은 '강을 건너 왔다'라는 뜻입니다. 얼마간 히브리인과 애굽인은 잘 공존할 수 있었습니다. 그러나 애굽의 왕조가 바뀌면서 더 이상 요셉을 알지 못하는 왕조가 세워지고 히브리인도 엄청난 수로 늘어나자 애굽이 보기에 히브리인들은 위협적인 존재로 여겨졌습니다. 결국 애굽은 히브리인들의 수를 줄이는 인구 정책을 펼치게 됩니다. 히브리인 남아가 태어나면 죽이는 정책이었습니다. 그 가운데 모세가 태어난 것입니다.

모세에 대해서는 앞 장에서도 간략하게 소개했습니다. 그는 바로의 딸에게 입양되어 왕의 아들이 받는 교육을 받으며 자랐고 마흔 살이 되었을 때, 이스라엘 민족을 위해 폭력 혁명을 시도했습니다. 그러나 이스라엘 민족이 동조하지 않았고 광야로 도망가 거기에서 이름 없는 목자로 40년을 살았습니다. 그때 하나님이 모세에게 나타나셔서 이스라엘 민족을 구원하라 명령하셨습니다. 하나님의 말씀에 순종한 모세는 애굽에 닥칠 열 가지 재앙을 전했고, 실제 그 재앙이 애굽 땅에 임하면서 백성과 함께 애굽에서 나올 수 있었습니다. 이것을 우리는 '출애굽'이라고 말합니다.

그런데 출애굽한 이스라엘 백성이 길을 잃은 것 같았습니다. 광야로 곧장 나가면 되는데 엉뚱하게도 바다를 향해 간 것이지요. 분노를 참을 수 없었던 바로는 특별 병거 군대를 이끌고 홍해 앞에 있는 이스라엘 백성을 향해 돌격했습니다. 이스라엘 백성은 건널 수 없는 바다를 맞닥뜨린 채 자신들을 쫓아오는 바로의 특별 병거 부대, 그리고 양 옆에 있는 절벽을 보면서 절망했습니다. 그들은 모세와 여호와 하나님에게 원망을 쏟아 놓았습니다. 그때 모세가 그들을 향해 외쳤습니다.

> 너희는 두려워하지 말고 가만히 서서 여호와께서 오늘 너희를 위하여 행하시는 구원을 보라 너희가 오늘 본 애굽 사람을 영원히 다시 보지 아니하리라 여호와께서 너희를 위하여 싸우시리니 너희는 가만히 있을지니라(출 14:13, 14).

모세는 이 모든 상황이 하나님의 인도를 받는 과정에서 일어났다는 것을 알고 있었습니다. 하나님이 우리를 죽게 내버려 두실 리 없다는 것을 알았습니다. 우리는 순종했고, 이제 하나님이 우리에게 보상하실 차례라는 것을 믿었습니다. 그래서 그는 울부짖는 이스라엘 백성을 바라보며 확신 있게 하나님의 구원을 외쳤습니다. "하나님이 싸우실 것이다. 이제 우리는 그 싸우시는 하나님을 보게 될 것이다. 그러니 더 이상 울며 부르짖지 말고 여호와 하나님이 일하시는 것을 보자!"

자, 그럼 이제 우리 하나님이 이 모세의 말에 반응하셔야 할 시간입니다. 온 백성이 입을 다물고 하나님이 무슨 일을 하시는지 볼 것입니다. 그리고 우리는 이미 알고 있습니다. 홍해가 갈라지고 바다 가운데 마른 땅이 나타나리라는 것을요. 그 길로 이스라엘 백성이 걸어가고, 바로의 군대는 그 바다에 빠져 죽습니다. 그런데 바다가 갈라지는 이 엄청난 사건 이전에 하나님과 모세, 또 이스라엘 백성 사이에는 몇 가지 소소해 보이는 일이 있습니다. 이 장에서는 바로 그 소소해 보이는 것들을 함께 살펴보려고 합니다. 우리 함께 3,300년 전으로 돌아가 보겠습니다.

하나님이 모세에게 입을 여시다

모세는 하나님을 원망하며 절망하는 이스라엘 백성에게 14절에서 "너희는 가만히 있어 여호와께서 이루시는 구원을 보라"고 외쳤습니다. 그리고 15절에서 하나님이 이렇게 대답하십니다.

> 여호와께서 모세에게 이르시되 너는 어찌하여 내게 부르짖느냐 이스라엘 자손에게 명령하여 앞으로 나아가게 하고 지팡이를 들고 손을 바다 위로 내밀어 그것이 갈라지게 하라 이스라엘 자손이 바다 가운데서 마른 땅으로 행하리라(출 14:15, 16).

우리는 14절과 15절이 성경에서 연달아 나오기 때문에 이 사이에 무슨 일이 있었는지 알지 못합니다. 그런데 제가 보기에 이 사이에는 뭔가 사건이 있었습니다. 분명 14절에서 모세는 "너희는 가만히 있[어라!]" 하고 말했습니다. 그런데 하나님은 "너는 어찌하여 내게 부르짖느냐"라고 하시며 말씀을 시작하십니다. 분명 모세는 14절에서 잠잠하게 하나님이 우리를 위해 싸우시는 것을 보자고 제안했습니다. 그러나 14절과 15절 사이에 모세는 잠잠할 수 없던 것 같습니다. 그래서 하나님을 향해 뭔가를 소리친 것입니다. 그리고 얼마의 시간이 지난 후에 하나님이 15절에서 '제발 좀 잠잠하라'는 말로 말씀을 시작하고 계신 것입니다. 하나님은 모세에게 "너는 가만히 있어 나의 구원을 보겠다더니, 왜 지금은 내게 소리를 지르느냐?

너마저 동포들과 같이 두려움과 불신이 섞인 눈으로 나를 향해 외치면 되겠느냐?"라고 묻고 계신 것입니다.

담대했던 모세의 눈빛이 흔들린 이유는 무엇일까요? 바로의 병거가 내는 먼지구름이 모세가 생각한 마지막 선을 넘어 버렸기 때문입니다. 모세는 하나님의 계획을 몰랐지만, 그래도 나름 '하나님이 일하실 때'에 대한 생각이 있었습니다. 바로의 군대가 저 능선쯤 왔을 때, 아니 저기 저 바위쯤 왔을 때, 하나님이 구원을 베푸실 것이라는 생각이었습니다.

문제는 바로의 군대가 '자신이 정한 그 선'을 넘어 달려오고 있던 것입니다. 모세는 당황했습니다. 믿음이 싹 사라졌습니다. 그 순간 모세의 입에서도 부르짖음이 나왔습니다. 이 부르짖음은 기도가 아닙니다. 이것은 백성이 부르짖던 것과 같은 불신앙의 부르짖음이었습니다. 그래서 하나님이 "그 입 좀 다물어라!"고 하신 것입니다.

여러분, 우리가 하나님 앞에서 낙심하는 이유는 무엇입니까? 그리고 하나님에게 실망하는 이유는 무엇입니까? 내가 주님 뜻대로 어떤 것을 했는데, 상황이 내 생각대로 잘 이루어지지 않을 때입니다. 세상의 방식과 기준대로 하면 될 것 같은 일을 주님의 뜻, 주님의 계획, 주님의 말씀에 의지해서 하려고 했습니다. 사람들이 그런 우리를 보며 우려했습니다. 그런데 딱 그 우려대로, 우리 삶의 문제들이 풀리지 않는 것입니다. 잘될 줄 알았습니다. 이길 줄 알았습니다. 주님이 주신 능력으로 극복할 수 있을 것 같았는데 안 되는 것입니다. 깊은 낙담이 올라옵니다. 믿음이 사라집니다. 하나님에 대한 '원망'이 올라옵니다. 지금 모세의 상태가 딱 그 상태입니다. 백성과 같이 하나님을 원망하며 부르짖은 것입니다.

그런 모세를 향해, 하나님이 명령하십니다. "그만 일어나, 정신 차려! 그리고 온 백성을 바다로 전진시키고, 너는 그 바다를 향해 지팡이를 들어라!" 여러분, 모세는 기도하는 것처럼 보였을지 모르지만 하나님이 보시기에 그것은 기도가 아니라 넋두리였습니다. 그래서 하나님이 직접 "그만 부르짖고 일어나 행동해라!"라고 하신 것입니다. 200만 백성의 이동을 준비하라는 것입니다. 그리고 "모세 너를 통해 내가 길을 만들 테니 너는 저들을 홍해로 이끌고 홍해를 향해 네 지팡이를 들라"고 명하셨습니다.

기도를 멈춰야 하는 때

때로는 기도를 멈춰야 하는 때가 있습니다. 기도 내용이 온통 하나님의 성품과 무관한 내 넋두리일 때, 더 심하게 우울해지고 불안해지고 낙심하게 되며, 잘못된 생각이 더욱 깊어질 수 있기 때문입니다. 처음에는 '정말 하나님이 나를 버리셨을까?'라고 생각하며 기도했는데, 기도를 열심히 하다 보니 '정말 하나님이 나를 버리신 것이 맞구나'라는 확신으로 끝날 수 있습니다. 왜 그렇습니까? 그것은 기도가 아니라 원망이기 때문입니다.

이럴 때 우리에게 필요한 것은 '하나님의 말씀을 듣는 것'입니다.

성경을 펴는 것입니다. 어려서부터 배운 말씀을 기억하는 것입니다. 이미 우리 가운데 계시된 하나님의 성품을 묵상하는 것입니다. 하나님이 이 상황 가운데 있는 내게 하시는 말씀을 듣는 것입니다.

영적이고 정서적인 침체를 경험할 때, 즉 몹시 지쳐서 믿음으로 도무지 더는 못 살겠다는 생각이 들 때, 여러분은 하나님이 어떻게 해주시기를 바랍니까? 저는 마음이 어려워질 때, 하나님이 제게 오셔서 마음을 좀 위로해 주시면 좋겠다고 생각합니다. 목회를 하면서 상처받을 때가 많습니다. 심지어 저는 감수성이 예민하고 여리기까지 한 사람입니다. 그래서 제가 바라는 것은 이것입니다. 우리 주님이 제게 찾아오셔서 저를 안아 주시며 이렇게 말씀해 주시면 좋겠습니다. "아들아, 내가 네 맘 다 안다. 수고하고 애썼다. 조금 쉬렴. 나머지 문제는 내가 다 해결해 주겠다."

그런데 그동안 하나님은 그렇게 제 삶에 와 주시지 않으셨습니다. 하나님은 힘들어 하는 제게 아주 당당하게 찾아오셨습니다. 그러고는 이렇게 말씀하셨습니다. "그만 투덜거리고 일어나거라. 너에게 맡긴 영혼과 일이 있잖니? 그걸 해야 하지 않겠니? 이제 일어나서 그 일을 해라!" 제가 만난 하나님은 늘 이런 식이었습니다. 그런데 여러분, 주님이 제 마음에 그렇게 말씀하시면 어떻게 됩니까? 또 일어나 움직일 힘이 생기더라는 것이지요. 신기하게도 힘들었던 마음이 사라집니다.

마음의 문제가 다 해결되어야만 주님의 일을 할 수 있다고 생각하신다면, 저는 그건 아니라고 말씀드리고 싶습니다. 물론 우리가 가진 문제를 해결해야 합니다. 그러나 정말 중요한 것은 주님의 말씀에 순종하는 것이지, 지금 내가 어떤 느낌인지가 아니란 말입니다. 그분의 명령이 잘 이해되지 않고, 그분이 지금 내 상태를 너무도 몰라주시는 것 같아 서운한 마음이 들 수 있습니다. 그러나 나보다 나를 더 잘 아는 분이, 나보다 나를 더 사랑하는 분이 내게 지금 하시는 말씀입니다. 그러니 여러분, 일어나십시오. 주의 명령에 순종하십시오. 움직이십시오.

순종하는 백성에게 자신의 뜻을 알리심

17-20절의 내용은 두 가지입니다. 첫 번째는 지금 이스라엘을 쫓아오는 바로의 군대가 어떻게 될 것인지에 대해 알려 주시는 내용이고, 두 번째는 돌격해 오던 바로의 군대와 이제 출발하려고 준비하는 이스라엘 백성의 사이를 막아, 바로의 군대로부터 이스라엘 백성을 보호하시는 내용입니다. 우선 첫 번째를 보겠습니다.

> 내가 애굽 사람들의 마음을 완악하게 할 것인즉 그들이 그 뒤를 따라 들어갈 것이라 내가 바로와 그의 모든 군대와 그의 병거와 마병으로 말미암아 영광을 얻으리니 내가 바로와 그의 병거와 마병으로 말미암아 영광을 얻을 때에야 애굽 사람들이 나를 여호와인 줄 알리라 하시더니(출 14:17, 18).

하나님은 이후에 어떤 일이 일어날지 이스라엘 백성이 알아야 할 만큼 알려 주셨습니다. 하나님이 우리의 마음을 모른다고요? 하나님이 우리 상황에 대해 잘 이해하시지 못한다고요? 아닙니다. 하나님은 모세를 향해 명령하신 후, 모세를 위로하십니다. "지금 너희를 향해 달려오는 바로의 군대를 통해 내가 영광을 받을 거란다. 어떤 방법이냐고? 그건 묻지 마! 하지만 약속하지. 저들을 통해서 나는 찬양받을 거야!"

주인이 하는 일을 다 아는 종은 없습니다. 부모가 하는 일의 전부를 아는 자녀도 없습니다. 주인은 종이 '알아야 하는 것'만 알려 줍니다. 부모도 아이가 이해할 수 없는 것이나 아이가 알아서는 안 될 것들, 그리고 아이의 마음에 괜한 두려움을 주는 것들에 대해서는 이야기하지 않습니다. 우리가 기억해야 할 핵심은 '꼭 필요한 것'은 알려 주신다는 것입니다. 그러니 부모가 말하지 않는 것에 대해서는 우리가 깊이 고민할 필요가 없다는 것이지요. 지금 하나님이 모세에게 보여 주시는 모습이 그렇습니다. "모세야, 저 바로의 군대는 결코 영광을 얻지 못해! 대신 그 군대로 인해서 내가 영광을 받을 거야. 걱정 마. 날 믿어." 모세가 이 말을 믿어서 갑자기 담대함을 회복하게 된 것인지는 모르겠습니다. 그러나 적어도 주님은 모세가 위로받을 수 있는 약속을 해주셨습니다.

여러분, 하나님은 다양한 방식으로 당신의 계획을 우리에게 말씀하십니다. 물론 우리가 그것을 다 알아듣지는 못합니다. 그러나 우리가 기억해야 할 것은 바로 이것입니다. 하나님은 우리가 알아야 하는 것들을 가르쳐 주신다는 것입니다. 우리는 늘 이상한 것에 관심이 많습니다. 하나님은 알려 주지 않겠다고 하신 것들에 너무 관심이 많습니다. 그래서 정작 이미 가르쳐 주신 것들은 기억하지 못합니다. 하나님이 "너희가 가면, 내가 너희를 지키겠다"고 말씀하십니다. 바로의 군대를 통해서도 그분은 영광받을 수 있다고 장담하십니다.

코로나19라는 감염병의 시기를 살며 막막함을 느끼는 분이 많습니다. 그러나 우리 하나님이 당신의 사랑하는 백성을 지키실 것입니다. 어떤 방법인지는 모르겠습니다. 그러나 확실한 것은 우리 주님은 당신의 백성이 망하는 것을 결코 보고만 계시지 않을 거라는 사실입니다. 이 약속을 믿으십시오. 그리고 그 약속에 근거해 일어나기를 선택하십시오. 주님이 여러분을 또 걷게 하실 것입니다.

순종하는 백성을 친히 보호하심

이스라엘 진 앞에 가던 하나님의 사자가 그들의 뒤로 옮겨 가매 구름 기둥도 앞에서 그 뒤로 옮겨 애굽 진과 이스라엘 진 사이에 이르러 서니 저쪽에는 구름과 흑암이 있고 이쪽에는 밤이 밝으므로 밤새도록 저쪽이 이쪽에 가까이 못하였더라(출 14:19, 20).

두 번째, 하나님이 먼저 움직이셔서 순종하는 당신의 백성을 보호하셨습니다. 이스라엘 백성을 인도하는 구름 기둥을 뒤로 옮겨, 바로와 이스라엘 백성 사이를 밤새도록 막았습니다. 이 구름은 바로에게는 어둠과 혼란을, 이스라엘 백성에게는 빛을 주었습니다. 이것은 하나님의 섬세한 배려입니다. 이스라엘 백성이 떠날 준비를 마칠 때까지 바로의 군대가 도달하지 못하게 하신 것입니다. 우리 하나님은 그런 분입니다. 우리를 향해, "네가 스스로 다 해라" 하고 말씀하시는 것 같지만 실상은 그 모든 일이 이루어지도록 하나님이 일을 진행하십니다.

이스라엘 백성에게는 여전히 바로 군대의 말발굽 소리가 들리고, 무기들이 부딪히는 소리가 들립니다. 금방이라도 구름을 뚫고 바로의 군대가 쳐들어올지 모른다는 두려움에 떨며 그들은 짐을 쌌습니다. 그러나 그 시간에 바로의 군대는 심한 어둠 속에서 공포에 질려 있었고 두려워서 소리를 지르고 있었습니다. 그 시간은 하나님이 이스라엘 백성 몰래 바로 군대를 흑암으로 막고 계시던 시간이었습니다. 이스라엘 백성이 볼 수 없는 곳에서 하나님이 이렇게 그들을 보호하신 것입니다. 하나님은 오늘도 우리를 눈동자처럼 지키십니다. 그 지키심이 지금 우리 눈에는 보이지 않을 수 있습니다. 하지만 자기 백성을 지키신다는 그분의 약속에 의지해 그분의 지키심을 바라봐야 합니다.

사춘기 아이들이 부모 심장에 못 박는 말을 하는 경우가 있습니다. 그 가운데 가장 아픈 말이 "엄마(아빠)가 내게 뭘 해줬어?"입니다. 아이의 모든 것이 부모가 해준 것입니다. 아이의 머리부터 발끝까지 부모의 수고와 노력과 희생이 들어가지 않은 곳이 없습니다. 그런데도 자식은 내게 뭘 해줬느냐고 소리를 지릅니다. 그런데 때로는 우리도 모든 것을 다 채워 주시고 지켜 주신 하나님을 향해 삿대질을 하며 소리 지르고 있지는 않은지 스스로 물어보아야 합니다.

하나님은 우리를 사랑하십니다. 그분은 자신의 아들을 내어 주시기까지 우리를 사랑하셨고, 지금도 여전히 사랑하십니다. 하나님이 냉정해 보이고, 내게 해주시는 것이 없다고 느껴질지 몰라도 사실 그분은 지금 쉼 없이 우리를 위해 일하고 계십니다. 단지 내 눈에 보이지 않을 뿐이며, 내 앞에서 일어나지 않을 뿐입니다. 내 삶에 일어나는 모든 좋은 것은 그분이 일하신 결과입니다.

우리는 천국에 가면 다시는 울지 않을 것입니다. 그러나 우리는 한 번은 심하게 울어야 합니다. 하나님에게 몹시 죄송해서입니다. 내 평생을 지키신 하나님의 일하심을 알게 되는 그날, 그렇게도 많이 하나님을 원망하고 미워한 것에 대해 용서를 빌며 울어야 합니다. 여러분, 절대로 그분의 사랑을 의심하지 마십시오. 보이지 않는 곳에서 수없이 많은 것으로 여러분의 삶을 아름답게 빚어 가시는 하나님의 손을 신뢰하며, 믿음으로 나아가십시오.

'바다 가운데 난 길' 앞에서 둘로 나뉜 인생들

이제 21-29절에는 홍해가 갈라지는 사건이 나옵니다. 이스라엘 백성은 홍해 사이에 난 길을 걸어가 살았고, 바로의 군대는 그 홍해에 갇혀 죽었습니다. 한쪽은 생명의 길이었고 다른 쪽은 사망의 길이었습니다. 그렇게 출애굽이라는 거대한 이야기의 절정이 나타납니다.

이미 여러분이 잘 알고 있는 내용일 것 같아 자세하게 설명하지는 않겠지만 한 가지만 말씀드리겠습니다. "바다가 '어떻게' 갈라질 수 있나요? 거짓말하는 것 아닙니까?" 하는 분들에 대해서입니다. 바다가 왜 못 갈라집니까? 우리가 믿는 하나님은 세상을 6일 만에 만드신 분입니다. 하나님이 그 말씀으로 땅과 바다와 하늘을 만드셨습니다. 이 우주의 모든 별을 그분이 말씀으로 만드셨는데, 그 하나님이 바다 정도 가르시는 것에 놀라워하는 것이 더 우습습니다. 바다뿐만 아니라 더 한 것이라도 하나님이 가르겠다면 가르시는 것입니다.

사실 어떤 영화나 애니메이션도 홍해가 갈라지는 장면을 정확하게 묘사하지 못했습니다. 갈라진 홍해의 너비 때문입니다. 남녀를 합해 200만 명의 사람과 수많은 가축이 홍해를 4시간 만에 끝까지 건너려면, 홍해 사이에 난 길의 최소 폭은 3킬로미터 정도여야 합니다. 바다가 갈라져서 난 길 가운데 서 있다고 한다면, 그 바다의 벽이 보이지 않을 정도입니다. 이것이 하나님의 스케일입니다. 우리가 만들어 내는 그 어떤 것도 하나님의 스케일을 따라갈 수가 없습니다. 우리가 믿는 하나님은 이 정도 스케일이라는 것입니다.

이 위대한 하나님의 역사는 홍해 앞에 있던 사람들을 정확하게 둘로 나눴습니다. 한쪽은 구원이었고, 다른 한쪽은 죽음이었습니다.

하나님의 백성, 어린양의 피로 살아난 자들, 그 어린양의 피를 자신의 삶 가운데 가져온 이들에게 이 기적은 완전한 자유를 만들어 냈습니다. 그러나 같은 시간, 같은 장소에서 어린양의 피와 관계 없던 자들은 모두 죽임을 당했습니다. 누구 하나 예외가 없었습니다. 모든 인생이 그 둘로 정확하게 나뉘었습니다.

> 이스라엘 자손이 바다 가운데를 육지로 걸어가고 물은 그들의 좌우에 벽이 되니 …… 물이 다시 흘러 병거들과 기병들을 덮되 그들의 뒤를 따라 바다에 들어간 바로의 군대를 다 덮으니 하나도 남지 아니하였더라(출 14:22, 28).

같은 시간, 같은 공간, 같은 물입니다. 그러나 한편에서는 그 물이 갈라져 좌우의 벽을 만들어 이스라엘 백성을 보호했고, 다른 편에서는 그 물이 흘러 병거와 기병들을 덮어 한 명도 남김없이 모두 수장시켰습니다. 같은 물이지만 전혀 다른 일이 일어났습니다. 이것이 그분이 만드는 이적입니다. 과연 이 출애굽 사건에서 홍해 사건, 완전히 상반된 이 두 결과가 의미하는 것이 무엇일까요?

'바다 가운데 난 길'을 함께 걸어가자

사도 바울은 이 홍해 사건을 세례와 연결해서 설명합니다.

> 형제들아 나는 너희가 알지 못하기를 원하지 아니하노니 우리 조상들이 다 구름 아래에 있고 바다 가운데로 지나며 모세에게 속하여 다 구름과 바다에서 세례를 받고(고전 10:1, 2).

바울이 하는 말은 모든 하나님의 백성이 이 구름과 바다 가운데를 지남으로 말미암아 모세와 완전히 하나가 될 수 있었다는 것을 의미합니다. 이제야 비로소 애굽 왕 바로에게서 끊어지고, 모세와 하나가 되었다는 것이지요. 하나님이 모든 이스라엘 백성에게 세례를 주고 싶은데, 세례를 베풀 물을 찾을 수가 없고, 세례를 주는 데 너무 많은 시간이 걸릴 것 같아서 개발한 특별한 방법이 바로 홍해 사이에 난 길로 들어갔다가 나오는 것이었습니다.

세례는 '세상에 관하여 죽는다'는 것과 '하나님에 관하여 산다'는 것을 의미합니다. 이전의 나는 완전히 죽었다는 것을 의미하며, 이제부터 나는 완전히 새 피조물로 살겠다는 것을 의미합니다. 그리스도인이 된다는 것은 조금 나아지는 것이 아닙니다. 조금 마음의 위로를 받는 것이 아닙니다. 문제 몇 가지가 해결되는 것이 아닙니다. 좋은 인간관계를 맺는 것도 아닙니다. 도덕적으로 조금 나아진다거나 나쁜 습관들이 하나씩 사라지는 것을 의미하는 것이 아닙니다. 개선되는 것은 그리스도인에게 나타나는 모습이기는 하지만 결코 그리스도인임을 확증하는 것은 아닙니다. 그리스도인이 된다는 것은 바다 가운데 난 길, 언제 무너져 내릴지 모르는 그 길로 들어가는 것이고, 그 안에 들어가 이전의 나를 완전히 죽이는 것입니다.

그 길 너머에 있는 전혀 새로운 땅 위에 서는 것이지요.

제가 감히 여러분에게 묻겠습니다. 여러분은 이 바다 사이에 난 길로 들어가셨습니까? 그 바다를 건너셨습니까? 진정으로 회심하셨습니까? 정말로 인격적인 주님과 만나셨습니까? 정말로 내 생의 의미가 여호와 하나님을 영화롭게 하는 것이며 그분을 기뻐하는 것입니까? 여러분, 정말 돌이키셨습니까? 정말 새것이 되었습니까? 그리스도의 십자가에 달려 죽으시고, 주님의 부활과 더불어 다시 사셨습니까?

여러분, 돌아올 수 없는 바다를 건너셨나요? 진지하게 생각하고 답해 보십시오. "내가 그 바다를 건넜고, 다시는 그 바다 건너편으로 돌아가지 않겠다. 이전의 나는 죽었고 난 새것이 되었다"고 말입니다. 그렇게 말할 수 없다면, 부탁드립니다. 지금 이 시간 그 바다 가운데 난 길로 들어가 주십시오. 그 바다를 건너지 못한 자, 어린 양의 피를 의지해서 그 바다 사이로 난 길을 통과하지 않은 자의 결국은 사망이며 멸망이기 때문입니다. 그 바다를 어린 양의 피로 건너지 않은 자에게는 영원한 생명이 없기 때문입니다.

지금은 몹시 힘든 때입니다. 이런저런 잡기(雜技)로는 이 세상을 돌파할 수 없습니다. 공동체의 부흥도 그렇습니다. 이런저런 프로그램의 도입과 방식들로는 이 세상을 돌파할 수 없습니다. 어쩌면 이 시대 대한민국은 기독교의 종말을 맞이하는 것 같습니다. 이것은 마치 바로의 특별 병거 600승과 무장한 마병이 무력한 이스라엘 백성을 향해 돌격하는 것과 같습니다.

하나님은 우리에게 말씀하십니다. "홍해 사이로 난 길, 이 믿음의 길을 걸어가라"고 말입니다. "불과 구름으로 적들로부터 내가 너희를 지킬 테니, 저 넘실거리는 홍해를 향해 갈 준비를 하라"고 말씀하십니다. 좌절하고 낙심해서 주저앉아 부르짖으며 원망만 하지 말고, 주님이 행하실 위대한 일들을 소망하며 믿음으로 일어나 지금 내가 해야 할, 믿음에서 나오는 일을 하라는 것입니다.

여러분, 홍해 사이에 난 길을 함께 걷기 원합니다. 모세와 함께 이스라엘 백성과 함께, 초대 교회 성도들과 함께, 또 수많은 믿음의 선배와 함께 그 믿음의 길에 서기를 바랍니다. 주가 만드시는 위대한 일의 한복판에서 우리도 이스라엘 백성이 그랬던 것처럼 하나님이 행하신 큰일을 보며, 그분을 향해 찬양할 수 있게 되기를 축원합니다.

여호수아

순종으로
성을 무너뜨리라

수 6:1-21

'시냇가에 심겨진 나무'에 있는 문제

몇 해 전, 강력한 비바람을 동반한 태풍이 교회가 있는 지역을 지나갔습니다. 밤사이 엄청난 바람이 불었고, 그 태풍이 지나간 후에 많은 나무의 가지가 꺾이거나 심지어 뿌리째 뽑혀 있는 모습을 볼 수 있었습니다. 저는 살면서 여러 번 태풍을 경험했지만 나무가 뿌리째 뽑혀 있는 것을 본 것은 그때가 처음이었습니다. 그래서 뽑힌 나무를 자세히 살펴보았습니다. 그런데 뽑힐 만한 이유가 있었습니다. 나무의 커다란 겉모습에 비해 뿌리가 몹시 초라했던 것입니다.

저는 교회 주변에 있는 플라타너스가 뿌리를 깊이 내리지 않는 수종이어서 그런 일이 일어난 줄 알았습니다. 그런데 전문가에게 들어 보니 그렇지 않았습니다. 원인은 교회 앞을 흐르는 개천 때문이었습니다. 교회 주변 땅은 개천 때문에 사시사철 마르지 않고 늘 수분이 풍부합니다. 그래서 나무들이 굳이 뿌리를 깊이 내려야 할 이유가 없던 것이지요. 그렇게 뿌리를 깊이 내리지 않고 계속 위로만 자라던 나무들이 이번 태풍으로 뿌리째 뽑힌 것입니다.

'시냇가에 심겨진 나무'라 좋았습니다. 시편 1편에 등장하는 나무 같았습니다.

> 그는 시냇가에 심은 나무가 철을 따라 열매를 맺으며 그 잎사귀가 마르지 아니함 같으니 그가 하는 모든 일이 다 형통하리로다 (시 1:3).

늘 풍부한 물과 양분으로 더 잘 자라고, 더 건강해 보였습니다. 모든 일이 형통해 보였습니다. 그러나 큰 바람 앞에서 그 나무는 그동안 자기가 얼마나 불안한 존재였는지 드러냈습니다. 자라기에 좋은 환경, 끊임없이 공급되는 수분, 이것이 독이 되어 나무의 운명을 결정한 것입니다. 좋아 보이는 게 다 좋은 것은 아니었던 것입니다.

지금은 전 세계적으로 광야의 시간을 보내는 것 같습니다. 모두가 어렵다고 해서 우리의 힘듦이 줄어들지는 않습니다. 우리도 광야를 지나고 있습니다. 긴 시간 지속되는 감염병으로 인해 정신적으로 힘들고, 현실적인 어려움도 점점 많아집니다. 개인도 가정도 고민이 깊어집니다. 교회도 마찬가지입니다.

그러나 우리는 이 광야 같은 시간에 의미를 부여해야 합니다. 이스라엘에게 광야가 하나님의 군대로 변화되기 위한 훈련소였던 것처럼, 오늘 우리가 경험하고 있는 이 어려운 상황도 우리를 주님이 기뻐하시는 성도로 빚으시려는 '하나님의 훈련소'로 생각해야 한단 말입니다. 이런 시기에 우리는 빨리 달릴 수가 없습니다. 다른 이들보다 앞서 나가지도 못합니다. 여러 문제 때문에 멈춰 있는 것 같은 느낌이 듭니다. 그러나 이 시기는 매우 중요합니다. 이 시기에 준비되지 않으면 이후 큰 바람이 불 때, 다시 말해 진짜 전투가 벌어질 때, 싸우지 못할 것이기 때문입니다.

하나님의 군대가 만난 견고한 성읍, 여리고

이스라엘 백성의 광야 훈련이 끝났습니다. 한두 해도 아니고 40년이었습니다. 하나님의 허락이 떨어졌고, 요단강을 건너 가나안 땅에 들어왔습니다. 그리고 그들이 처음 만난 장애물이 여리고성이었습니다. 성경은 이 성을 간단하게 묘사합니다.

> 이스라엘 자손들로 말미암아 여리고는 굳게 닫혔고 출입하는 자가 없더라(수 6:1).

원어에서는 이 한 구절에 '닫혔다'라는 동사가 두 번, '출입할 수 없었다'가 한 번 쓰여, '닫혔다'의 의미를 강조합니다. 전투를 해야 하는데, 적들이 성에서 나오지 않는 것입니다. 싸움 자체가 불가능한 것이지요. 성서 고고학자들에 의해 이 여리고성이 발굴되었습니다. 이 성은 가파른 언덕 위에 있고, 높이 4.5미터의 석벽과 그 앞쪽에 2.6미터의 토벽을 가진 '이중 성벽' 요새였습니다. 거기에다 바깥쪽 토벽과 안쪽 석벽 사이에는 35도 정도의 경사가 있어서 쉽게 기어오를 수 없게 만들었고, 성 안에서 원거리 무기를 투척할 수 있도록 해놓았습니다. 평생 광야에서만 살았던 이스라엘 백성은 이제껏 한 번도 만나 본 적 없는 장애물을 만난 것입니다. '여리고'라는 '현실의 거대한 벽' 앞에 선 것이지요. 제대로 싸워 볼 기회조차 없어져 버린 것입니다.

때로 우리가 경험하는 세상이 이 여리고성 같기도 합니다. 우리는 교회 안에서, 성경 속에서 '신앙으로 사는 법'을 배웠습니다. 그리고 그렇게 살아 보겠다고 결단도 합니다. 그런데 막상 신앙의 양심대로 이 세상을 살려고 하면 너무 힘듭니다. '현실이라는 벽'이 너무 높습니다. 세상은 강력한 성벽으로 둘러싸여 있습니다. 결코 무너지지 않을 것 같습니다. 우리로 하여금 세상과 싸울 기회조차 주어지지 않는 것입니다.

이스라엘은 믿음으로 출애굽했습니다. 광야에서 하나님의 손에 믿음을 훈련받았습니다. 그런데 이제 막 세상에 들어가 믿음의 싸움을 싸우려 하는데, 막상 '거대한 성'에 가로막힌 것입니다. 이 여리고성은, 신앙으로 살고자 하는 우리가 이 세상에서 부딪히게 되는 '현실의 거대한 벽'입니다. 그럼, 우리는 이 벽을 어떻게 극복할 수 있을까요? 이 한계 상황에서 무엇을 생각해야 할까요? 이제 우리에게 익숙한 이야기, 모두가 아는 그 이야기가 펼쳐집니다.

황당한 명령과 이상한 순종

여리고성 전쟁은 아주 특별합니다. 하나님은 여리고성을 무너뜨리셨던 방법을 다시는 사용하지 않으셨기 때문입니다. 이후 이스라엘은 칼을 들고 실제 전투를 벌여서 가나안 땅들을 차지해야 했습니다. 그런데 이 여리고성 전투에서는 그런 일반적인 전투의 모습이 전혀 보이지 않습니다. 그 이유는 하나님이 이스라엘에게 무언가를 가르치기 위해 택하신 방식이기 때문입니다. 하나님이 여리고성 함락을 통해 가르치기 원하신 것은 '가나안 정복 전쟁의 성격이 어떤 것인지'에 대한 것이었습니다.

> 보라 내가 여리고와 그 왕과 용사들을 네 손에 넘겨주었으니(수 6:2b).

전쟁을 시작하기도 전에, 이 전쟁에서 너희가 할 일은 "내가 너희에게 주는 승리를 그냥 받는 것"이라고 말씀하십니다. 싸우는 것은 "나 하나뿐이면 된다"고 하십니다. 그러더니 이 하나님의 싸움을 구경해야 하는 이스라엘에게 구체적으로 명령하십니다. 그 명령은 7일 동안 성을 빙빙 돌다가 하나님이 명령하시는 때에, 다 함께 크게 소리 지르는 것입니다.

이것은 비상식적인 명령입니다. 속된 말로 '미친 짓'입니다. 전쟁은 장난이 아닙니다. 지면 죽는 것이고, 한 번 뒤처지면 따라잡기가 불가능합니다. 시간이 지체되면 가나안 연합군이 길갈로 몰려들 것입니다. 빨리 여리고를 무너뜨리고 방어 준비를 하던지, 요새가 될 만한 지형으로 옮겨야 합니다. 길갈은 포위당하기 좋은 지역이었고 이미 여기서 너무 많은 시간을 허비했습니다. 그런데 그런 이스라엘 백성에게 주어진 명령이 "여리고성을 7일간 돌다가 소리를 질러라!"였습니다. 여러분이 만일 여호수아라면, 여러분이 만일 출애굽 2세대라면, 이 명령에 어떻게 반응했을까요?

그런데 여호수아는, 그리고 이스라엘 백성은 하나님의 이 엉뚱한 명령에 아무도 반대 의견을 내지 않습니다. 이 이상한 명령에 누구 하나 말이 없습니다. 그리고 본문은 이들이 정확하게 그대로 순종했음을 보여 줍니다. 2-5절에서 하나님이 여호수아에게 명령하셨고, 6-10절에서 여호수아가 하나님이 하신 명령을 그대로 백성에게 전달했습니다. 하나님이 여호수아에게 명령하셨을 때, 6절에서 여호수아는 "정말요?"라고 물었어야 합니다. 여호수아가 이스라엘 백성에게 전달했을 때, 11절에서 백성은 황당해 하며 "진짜요?"라고 물었어야 합니다. 그것이 정상입니다. 그런데 여호수아도, 이스라엘 백성도 단 한마디 의심도 표현하지 않은 채 그 하나님의 말씀에 순종하고 있습니다. 이게 도대체 어떻게 된 일일까요? 이 황당한 순종은 어디에서 나오는 것일까요?

'절대 순종'을 할 수 있게 한 것 1 :
여리고성 전투의 본질을 아는 지식

그들이 순종할 수 있었던 첫 번째 이유는 이스라엘이 여리고성 전투의 본질을 정확하게 알고 있었기 때문입니다. 이 여리고성 전투는 이스라엘 백성과 여리고성에 살고 있던 가나안 족속들의 전투가 아니었습니다. 이것은 여호와 하나님이 가나안 거민들에게 하시는 선전 포고, 즉 '하나님의 전쟁'이었고, 이스라엘 백성은 그것을 정확하게 알고 있었습니다.

첫 번째 힌트는, 숫자 7의 반복입니다. 일곱 제사장, 일곱 나팔, 제 칠 일째, 일곱 번째 날……. 성경에는 유독 숫자 7이 나올 때가 많습니다. 유대인들에게 숫자 7은 '여호와 하나님'을 의미합니다. 하나님이 전투 방식을 제시하면서 숫자 7을 연거푸 사용하시는 것은 이 전투가 누구의 전투인지를 선언하시기 위함입니다. 이 전투는 인간의 전투가 아니라 "나의 전투가 될 것이다"라는 선언인 것입니다. "이제 너희는 나의 전투를 보게 될 것이다"라는 선언이지요.

두 번째 힌트는, 이스라엘의 무장 상태입니다. 하나님은 이스라엘에게 하나님의 제사장과 양각 나팔 그리고 언약궤를 준비하라고 하십니다. 하나님은 지금 이스라엘 백성에게 전투 준비를 하라고 하신 것이 아닙니다. 하나님이 직접 싸우시겠다는 것이지요. 이스라엘 백성이 그 자리에 있어야 할 이유는 다른 데 있었습니다. 하나님은 자신이 이 전투를 시작하고 진행할 것이고 이길 것인데, 이스라엘이 그 영광스러운 일에 참여할 것인가 말 것인가를 묻고 계신 것입니다.

여리고성 전투는 앞으로 이스라엘이 가나안에서 싸워야 할 모든 전투의 성격이 '하나님의 전쟁'이라는 것을 보여 줍니다. 이 전투는 하나님 나라 전투의 표본입니다. 하나님이 이스라엘에 하신 명령의 내용이 그것을 증명합니다. 하나님이 이 모든 전투의 방법을 지도하고 계십니다. 이것을 우리 삶에 적용하면 어떻게 될까요? 우리가 하나님을 모르고, 하나님의 메시지를 읽을 줄도 모르고, 하나님의 전투 방식을 이해하지 못한다면 우리는 반드시 전쟁에서 질 것입니다.

이것이 세상에서 영적으로 깨어 있는 삶을 살려고 할 때 반드시 기억해야 할 점입니다. 우리는 '우리가 세상과 싸운다'고 생각합니다. "거대한 여리고성을 향해 우리가 돌격해야 한다"고 말합니다. 여리고성을 무너뜨릴 무기를 들고, 여리고의 거인들과 맞서 싸워야 한다고 생각합니다. 그래서 우리는 머리를 굴리고 자신의 힘을 키우고 무기를 갖추고 전술을 준비해야만 이길 수 있다고 생각하는 것입니다. 그런데 하나님은 가나안의 모든 전쟁 중 첫 번째 전쟁인 여리고성 전투를 통해 "이 전쟁은 나의 전쟁이다"라고 선언하십니다. "너의 전쟁이 아니라 나의 전쟁이니, 너는 내게서 듣고, 내게서 보고, 내가 네게 명령하는 방법으로 이 싸움을 싸우라"는 것이지요. 이 지식이 있었기에 이스라엘 백성은 하나님의 명령에 순종할 수 있었습니다.

'절대 순종'을 할 수 있게 한 것 2 :
'하나님의 은혜'에 대한 깨달음

그들이 순종할 수 있던 두 번째 이유는 그들이 경험한 '하나님의 은혜' 때문입니다. 모세에게 이끌려 출애굽할 당시만 해도 이스라엘 백성은 오합지졸이었습니다. 그들이 가데스 바네아에서 정탐꾼 열 명의 보고를 듣고 전쟁을 포기한 것은 너무도 당연했습니다. 믿음도 없고 훈련도 되어 있지 않은 그들이 높은 성과 거인이 있는 가나안 백성과 전투했다면 백전백패했을 것입니다. 그들은 '하나님의 승리'를 믿지 않았고, 그 불신과 불순종 때문에 하나님의 '징계'를 받아 광야에서 40년을 방황하게 됩니다.

본문은 40년이 지난 후, 변화되어 있는 이스라엘 백성을 보여 줍니다. 그들은 이전 날의 오합지졸이 아닙니다. 어떤 의미에서 그들은 하나님의 특공대입니다. 전혀 이해할 수 없는 하나님의 명령 앞에서도 그 명령이 하나님에게서 나온 것이기에 단 한 명도 반대하거나 의문을 품지 않았습니다. 그들은 절대 순종합니다. 어떻게 이 일이 가능합니까? 광야에서 보낸 40년 세월 동안 그들은 '하나님의 은혜'를 경험했기 때문입니다.

그들이 광야에서 훈련한 것은 '하나님의 은혜'에 대한 신뢰입니다. 도무지 사람이 살 수 없는 땅, 광야에서 이스라엘 백성은 살아남았습니다. 40년간 끊임없이 만나와 메추라기가 하늘에서 내려왔습니다. 40년간 낮에는 구름 기둥이, 밤에는 불 기둥이 외부의 환경과 적들에게서 그들을 보호했습니다. 신기한 것은 그들의 옷과 신발입니다. 아무리 좋은 재질로 만들어도 신발과 옷이 40년의 세월을 견딜 수는 없습니다. 40년 동안 입고 신었다면 남아나지 않아야 정상입니다. 그런데 신기하게도 그들에게 옷과 신발은 하나도 해지지 않았습니다(신 29:5 참조). 그들은 하나님이 날마다 우리 삶에 은혜를 베푸신다는 것을 경험했습니다. 그들에게 '하나님의 은혜에 대한 신뢰'는 개념이 아닙니다. '하나님의 은혜'는 그들이 날마다 먹는 음식과 날마다 입는 옷, 그리고 날마다 살아가는 주거 가운데 늘 있었습니다. 그들은 그들의 삶에서 구체적인 도움이신 하나님을 경험으로 알게 된 것입니다.

여러분, 하나님이 이스라엘 백성으로 하여금 40년간 광야를 걷도록 하신 이유는 "너희가 불순종했으니 고생 좀 해 봐라!" 하는 '징벌'의 차원이 아니었습니다. 그들을 가르치셔야 했기 때문입니다. 이스라엘 백성이 '이것'을 배우지 못한 채 가나안 땅에 들어가면, "그 거민을 삼키는 땅"(민 13:32)이라는 별명을 가진 가나안 땅이 이스라엘을 삼켜 버릴 것임을 하나님은 아셨기 때문입니다. 그렇다면, 이스라엘 백성이 가나안에 들어가기 전에 반드시 알아야 했던 것은 과연 무엇일까요? 바로 '하나님 은혜'입니다. 하나님이 우리 삶의 모든 것을 지키고 돌보고 채우는 분임을 아는 것이지요.

오늘날 우리가 서 있는 광야, 지금 우리가 경험하는, 언제 끝날지 모르는 이 막막한 시간들은 어쩌면 하나님이 우리 삶 가운데 두신 '훈련의 시간'일 수 있습니다. 우리가 배워야 할 게 있다는 것이지요. 이것이 준비되지 않으면 세상에서 성도로 살 수 없기 때문입니다. 여러분이 만약 광야의 시간을 보내고 있다면, 이 광야에서 '하나님의 은혜'를 경험하며, 그것을 신뢰하는 법을 배울 수 있기를 바랍니다.

'절대 순종'을 할 수 있게 한 것 3 :
'하나님의 성품'에 대한 신뢰

마지막으로 그들이 순종할 수 있던 세 번째 이유는 '하나님의 성품에 대한 신뢰'가 있었기 때문입니다.

여호수아가 이스라엘 백성에게 동일한 하나님의 명령을 전했습니다. 하나님의 명령 자체가 납득 불가능한 것이었습니다. 전혀 합리적이지 않았습니다. 손을 놓으면 죽을 만큼 높은 곳에 매달려 있는 사람에게 "그 손을 놓으라. 내가 아래서 받아 주겠다"고 말씀하시는 것과 같습니다. 그분의 말씀에 순종해서 손을 놓는 것, 우리는 그런 것을 '광신'이라 부릅니다. 손을 놓았는데 그분이 안 잡아 주면 어떻게 될까요? 완전히 망하는 것입니다. 대책 없이 추락하게 될 것입니다. 그런데 하나님은 이스라엘 백성에게 바로 그 광신을 요구하시는 것 같습니다. 그러나 여러분, 이것은 광신이 아닙니다. 어쩌면 이것은 아주 합리적인 계산과 판단의 결과입니다. 예를 들어 보겠습니다. 제 아들이 네 살 때 일입니다. 남자아이들 대부분이 그렇듯이 제 아들도 높은 데를 좋아했고, 거기서 뛰어내리는 것을 좋아했습니다. 그래도 네 살쯤 되니까 자신의 키보다 높은 데서는 뛰어내리지 않는 분별력을 가지게 되었습니다. 그런데 그런 분별력을 가진 제 아들이 자신의 키보다 높은 이층 침대 모서리에서 거침없이 아래로 뛰어내린 적이 있습니다. 아버지인 제가 아래에서 "아들, 뛰어!"라고 말하며 팔을 벌리고 있었을 때입니다. 제 사인을 받은 아들은 일말의 주저함도 없이 저를 향해 뛰어내렸습니다.

여러분, 제 아들의 행동이 '광신'일까요? 그렇지 않습니다. 네 살짜리 아들이 그런 선택을 한 나름의 합리적인 이유가 있습니다. 이제까지의 관계 속에서 경험하여 누적된 아빠의 성품과 그 능력에 대한 신뢰 때문입니다. 네 살 된 아들이 보기에 아빠는 전능합니다. 아빠를 이길 수 있는 권세는 어디에도 없습니다. 아빠가 이제껏 자신에게 보여 준 약속에 대한 신실함을 고려했을 때, 아빠는 쉽게 거짓말하는 분이 아닙니다. 이제껏 그분의 명령에 순종했을 때, 자신에게 해가 된 것이 없습니다. 이제까지 아버지의 약속은 반드시 성취되었습니다. 이제 그런 전능하신 아버지가 침대 아래에서 팔을 벌리며 "뛰어!"라고 외치시는 것입니다. 아들이 그동안 겪은 관계를 통해 말씀하신 바를 신실하게 지켜 온 아버지를 신뢰할 수 있기에 아들은 침대 난간에서 뛰어내릴 수 있는 것입니다. 이것은 결코 광신이 아닙니다.

이스라엘은 광야 훈련소에서 그 하나님의 신실하심을 배웠습니다. 그래서 그들은 하나님의 이해할 수 없는 명령에 그 순간 "예!"로 반응한 것입니다. 그들은 매일 아침 일어나 성벽을 돌았습니다. 매일 한 번씩 6일 동안 그 성벽을 돌았습니다. 사실 합리적으로 생각할 때 도무지 무슨 일을 기대할 수가 없습니다. 어찌 보면 그들이 하는 일은 아무 의미도 없는 일이며, 그들을 위험하게 하는 행동일지도 모릅니다. 그런데도 그들은 그 일이 옳다고 믿었습니다. 왜 그렇게 할 수 있었을까요? 그들이 경험한 하나님의 성품 때문입니다. 그들은 하나님의 성품을 신뢰했고, 그 신뢰에 기초해서 가장 합리적인 선택인 순종을 행한 것입니다.

광야 훈련소에서 배운 '절대 순종'

언뜻 보면 성도의 삶에는 낭비가 너무 많습니다. 예배는 낭비입니다. 기도하는 시간도, 말씀을 배우고 익히는 시간도 세상이 보기에는 모두 낭비입니다. 이스라엘 백성이 출애굽할 때, 주변의 온 백성이 그들을 두려워했습니다. 자신들의 신은 바다를 마르게 하는 여호와 앞에 대항할 능력이 없기 때문입니다. 거대한 애굽을 굴복시킨 하나님의 백성이 몰려오면 자신들은 다 죽을 것 같았습니다. 그런데 광야에 들어간 이스라엘이 그 광야를 나오지 않는 것입니다. 두 달이면 지나올 땅을, 40년이 흐르도록 나오지 않습니다. 주변 백성의 눈에 그 시간은 낭비에 불과합니다. 그러나 광야에 있던 이들에게 그 시간은 특별한 시간이었습니다. 그곳에서 그들은 하나님의 말씀에 절대 순종할 수 있는, 하나님의 군대로 빚어졌습니다.

우리 역시 이 광야를 통과해야 합니다. 광야에서 받을 수 있는 훈련을 이수해야 합니다. 여기에서 그분을 의지하는 법, 그분의 음성을 분별하는 법, 그리고 그분의 뜻대로 사는 법을 훈련해야 합니다. 우리가 이런 훈련을 받는 중에도, 세상은 거침없이 앞으로 달리고 있을 것입니다. 우리는 그들보다 조금 뒤쳐질 수 있습니다. 하나님의 학교에서 훈련받는 동안, 대부분은 세상의 경쟁자들에 비해 뒤처질 것입니다.

그러나 광야의 때가 지나고, 우리가 세상으로 나아가게 될 때, 우리는 광야를 통과한 적이 없는 이들이 가질 수 없는 특별한 능력을 갖게 될 것입니다. 바로 '절대 순종'입니다. 여러분, '하나님의 말씀에 순종하는 것'은 쉽게 얻을 수 있는 능력이 아닙니다. 훈련되지 않은 인생은 결코 하나님의 말씀에 순종할 수 없습니다. 이 힘든 훈련의 시간을 통해 '순종의 능력'을 갖추게 되면 무슨 일이 일어날까요? 하나님의 뜻과 내 뜻이 일치되어 그분의 검이 되는 것입니다. 그런 자들을 성경은 "하나님의 군대"라고 부릅니다. 우리 모두가 광야를 통과하며 훈련해야 할 것들을 온전히 훈련할 수 있기를 바랍니다.

그래서 우리 주님의 명령에 "예, 나의 주인님! 그렇게 하겠습니다"라고 언제든지 대답할 수 있는 하나님의 군대가 되면 좋겠습니다.

하나님의 군대가 부르게 될 찬양

이제 여리고성 전투의 마지막 장면입니다.

> 이에 백성은 외치고 제사장들은 나팔을 불매 백성이 나팔 소리를 들을 때에 크게 소리 질러 외치니 성벽이 무너져 내린지라 백성이 각기 앞으로 나아가 그 성에 들어가서 그 성을 점령하고(수 6:20).

7일간의 침묵이 끝났습니다. 약속하신 하나님의 날, 일곱 바퀴를 돌았습니다. 약속하신 시간이 되었습니다. 그들은 어떤 생각을 했을까요? 그들 마음에 의심이 있었는지, 없었는지는 중요하지 않습니다. 그들의 행함이 그들의 '믿음'을 증명했습니다. 그들은 끝까지 갔고, 끝까지 침묵했고, 끝에 도달했습니다. 쥐 죽은 듯이 조용합니다. 장정 60만 명이 만들어 내는 이 거대한 침묵, 그리고 그들에게 맡겨진 영역에서의 순종이 끝났습니다. 그들 앞에 있는 여리고성은 여전히 거대한 위용을 드러내고 있습니다. 이때 여호수아가 백성을 향해 외쳤습니다. 제사장들이 양각 나팔을 불었습니다. 이때 모든 백성이 이 나팔 소리를 듣고 함께 외쳤습니다. 거대한 외침이 여리고성을 향해 울려 퍼졌습니다.

방금 전까지는 아무 일도 일어나지 않았습니다. 그러나 그 소리가 울려 퍼지는 순간, 여리고성의 거대한 성벽이 무너져 내렸습니다. 고고학자인 가스탕 교수는 7년 동안(1930-1936) 여리고 지역을 탐사한 결과를 발표할 때, "이 시기에 이곳에 거대한 지진이 있었다"고 말했습니다. 성벽이 안쪽으로 무너져 내려, 성벽 가까이에 있던 대부분의 사람은 압사당한 것으로 보인다고 했습니다. 여리고 거민들은 자신들을 보호해 줄 거라 믿었던 그 성벽에 압사당해 멸망한 것입니다.

이때 하나님의 전쟁에서 이스라엘 백성은 도대체 무엇을 한 것일까요? 그들은 찬양했습니다. 20절에는 '외치다'라는 말이 두 번 나옵니다. 하나는 '루아'(רוע)이고, 다른 하나는 '테루아'(תרועה)'입니다. 여리고성을 향해 여호수아가 '루아'했습니다. 백성이 듣고 그 명령 앞에서 '루아'했습니다. 하나님이 지정하신 일곱 제사장이 양각 나팔을 불었습니다. 그때 온 백성이 그 나팔 소리를 듣더니 '테루아'했습니다. '테루아'는 '루아'에서 파생된 말입니다. '루아'가 단순하게 큰 소리를 지르는 것이라면, '테루아'에는 감정이 담겨 있습니다. '테루아'는 '감정을 담은 외침'입니다. 그래서 성경의 다른 부분에서 이 '테루아'를 찬양으로 번역하기도 합니다. "나팔 소리로 찬양하며 비파와 수금으로 찬양할지어다"(시 150:3). 여기에 쓰인 "찬양하며 …… 찬양할지어다"가 바로 '테루아'입니다. '테루아'는 분명하신 하나님의 역사와 일 앞에서 하나님을 찬양하는 것을 의미하는 동사입니다.

마지막 날, 일곱 바퀴를 다 돌았습니다. 이스라엘은 이제 말씀대로 '루아'(=외침)했습니다. 여호수아가 온 백성을 향해 외쳤고, 그 소리를 들은 이스라엘 백성도 큰 소리로 외쳤습니다. 그 소리를 들은 제사장들이 일곱 개의 양각 나팔을 불었습니다. 그때 7일 동안 조금도 움직이지 않던, 전혀 움직일 기미를 보이지 않던 그 여리고성이 흔들리기 시작합니다. 견고한 성의 터가 요동하기 시작합니다. 아무 일도 일어날 것 같지 않던 그 성에 '하나님의 손'이 임한 것입니다. 이스라엘 백성이 하나님의 명령을 완수한 그때, 하나님의 손에 의해 인간이 만든, 힘을 상징하는 여리고성이 무너졌습니다.

처음에 '루아'하던 백성이 이제 '테루아'하고 있습니다. 누가 시켜서 하는 것이 아닙니다. 멋진 곡조가 있는 것도 아닙니다. 이 소리는 마치 40년 전 홍해 앞에서 그들의 조상들이 낸 소리와 비슷합니다. 그들은 하나님의 손의 나타나심 앞에, 그리고 자신들로 하여금 여기까지 순종으로 나아올 수 있게 하신 하나님 앞에, 기쁨으로 '테루아'(=찬양)한 것입니다. 이날, 주께 순종한 하나님 군대의 위대한 찬양이 온 여리고 평야에 울려 퍼졌습니다.

순종으로 나아가는 자, 결국에 찬양하리라

여러분, 신앙생활을 열심히 하면 세상에서 뒤쳐진다는 말은 맞는 말일 수 있습니다. 이 어려운 시대에 하나님을 알기 위해 시간을 쓰고, 기도와 말씀 읽기에 힘쓰고, 연약한 영혼을 돕는 데 수고하면, 우리 능력에 한계가 있기에 대부분 세상에서 뒤쳐지는 것처럼 보일 것입니다.

그러나 우리 하나님은 주님을 위해 수고한 영혼, 주님을 알기 위해 땀 흘린 영혼, 주님의 양을 돌보기 위해 생명을 나눠 준 인생을 결코 그냥 내버려 두시는 법이 없습니다. 하나님의 광야 학교에도 졸업의 날이 반드시 있습니다. 때로는 하나님이 부여하신 무의미한 반복 같은 일들이 있습니다. 우리는 모든 것을 이해할 수는 없습니다. 그저 그분이 맡기신 때, 맡기신 일을 감당하는 것입니다. 그러다 보면 하나님의 시계가 돌아가 있을 것입니다. 주님의 시간, 마지막 일곱 바퀴를 마치는 날이 있다는 것입니다. 주님이 정하신 수업 일수를 채우고, 주님이 맡기신 과제를 마치고, 주님이 하라고 하신 실습을 끝내는 그때, 주님의 손이 나타나는 것입니다. 6일 동안은 볼 수 없었고, 7일째 오전과 오후에도 볼 수 없었던, 여섯 바퀴를 돌았을 때도 보지 못한 그 하나님의 손이 마지막 일곱 바퀴를 마치고, 마지막 순종으로 온 힘을 다해 여리고를 향해 큰 소리를 외칠 때 나타납니다. 정확하게 바로 그때, 우리 주님이 능력으로 여리고 위에 임하신 것입니다.

여러분, 조금만 더 나아갑시다. 힘들고 지쳐도 조금만 더 힘을 내서 순종의 자리로 나아갑시다. 우리 일생에 이전에는 한 번도 불러 본 적 없는 위대한 찬양을 부를 날을 소망하면서, 하나님 편에 서서 앞으로 나아갑시다.

말씀의 등불을 높이 들라

삿 4:1-10

끊어 내지 못하는 죄와 중독

우리는 성경을 읽으면서 성경 속 인물이 거의 대부분 남성이라는 것을 보게 됩니다. 그러면서 성경마저도 남성 편향적이라는 생각을 하기도 합니다. 충분히 일리가 있는 생각이지요. 그러나 우리는 성경이 기본적으로 3,500년 전에서 2,000년 전 시대에 기록되었다는 것을 기억해야 합니다. 그 당시에 기록된 다른 문서들에는 여성이 거의 등장하지 않으며, 여성이 유의미한 역할을 하는 경우도 거의 없습니다.

그런데 성경은 그런 고대 문서들 중에서도 여성에 대한 기록이 많은 편이며, 특별히 본이 될 만한 여성에 대한 이야기들도 있습니다. 이런 말을 하기 조심스럽지만, 남성보다 훨씬 훌륭한 여성들에 대한 기록입니다. 그 가운데 한 명이 이 장에서 살펴보려는 '드보라'입니다. 이 인물과 함께하는 이들을 통해, 하나님 나라의 백성은 이 땅에서 어떻게 사는지에 관하여 구체적인 실제를 살펴보려 합니다. 나와 우리 가정, 그리고 우리 교회가 어떤 모습으로 살아야 하는지 함께 고민해 보시기 바랍니다. 사사기 4장은 아주 익숙한 이야기, 이스라엘 자손이 "또다시 하나님 앞에서 범죄했다"는 말로 시작합니다.

> 에훗이 죽으니 이스라엘 자손이 또 여호와의 목전에 악을 행하매(삿 4:1).

에훗은 18년 동안 이스라엘 백성을 압제하던 모압에게서 이스라엘 백성을 구한 사사입니다. 에훗을 통해 이스라엘 백성이 누린 평화는 80년이었습니다. 이것은 단순하게 에훗이 이스라엘 백성을 구한 후에 80년이나 사사로 살았다는 의미가 아닙니다. 그 사이에 삼갈이라는 사사도 있었고, 다른 지역에서는 블레셋과 전투도 벌였습니다. 사사기에 등장하는 사사는 아니지만 당시 상황을 생각해 보면 이곳저곳에 사사(판관)가 있었고, 그들의 지도로 사회가 유지될 수 있었을 것입니다. 본문에서 "에훗이 죽으니"라는 표현은 단순하게 에훗의 육체적인 사망을 말하는 게 아니라 그의 선한 영향력이 끊어졌다는 의미로 보는 것이 좋을 것 같습니다. 이스라엘 백성은 다시 여호와 목전에 악을 행하고 있습니다. "여호와의 목전에 악을 행하매"의 정확한 의미가 무엇인지는 잘 알 수 없습니다. 그러나 "여호와의 목전"이라는 표현 때문에, 하나님 앞에서 '우상을 섬기는 것'이라는 해석이 가장 신빙성 높아 보입니다. 이전에도 그랬고 이후에도 계속 문제가 되는 '우상 숭배'가 이스라엘에서 반복된 것입니다. 하나님보다 사랑하고 의지하는 것들을 만들고, 그 앞에 엎드려 절하는 이스라엘 백성의 모습입니다.

여러분, '고질병'이라는 것이 있습니다. 쉽게 고쳐지지도 않고 정기적 또는 비정기적으로 증상이 반복되어 나타나는 병입니다. 이스라엘 백성의 '고질병'이 바로 '하나님의 목전에 악을 행함'입니다. 그들은 "또" 하나님 앞에서 악을 행하고 있습니다. 그런데 저는 이것이 단지 이스라엘 백성만의 문제는 아니라고 생각합니다. 우리에게도 이스라엘 백성과 유사한 '고질병'이 한두 가지는 늘 있기 때문입니다.

어떤 이들은 '중독'을 이야기하기도 합니다. 중독의 특징은 그것을 끊었을 때, 신체와 정신을 몹시 힘들게 만드는 금단 현상이 있다는 것입니다. 모든 중독(술, 담배, 도박, 게임, 성 등)에는 금단 현상이 있습니다. 단순하게 힘들다는 정도가 아닙니다. 끊어 본 분들은 너무도 큰 고통이라고 말합니다. 그런데 중독이 무서운 더 큰 이유는 힘들게 금단 현상을 이기고 중독을 끊어 냈다고 해도 안심할 수가 없어서입니다. 한순간에 다시 그곳에 돌아가 있는 자신을 발견할 수 있기 때문입니다. 중독을 끊어 내기까지 온 힘을 다했고, 그 과정에서 은혜가 있었으며, 이제는 다 된 것 같습니다. 눈에 보이는 확연한 변화가 일어난 것도 같습니다. 그런데 조금만 긴장을 늦추면 다시 원래 자리로 돌아가 버리는 것입니다. 요요처럼 말이지요. 이스라엘의 상태가 그랬습니다. 한때 하나님의 큰 은혜를 경험했습니다. 영적 지도자가 살아 있어 그들을 향해 끊임없이 하나님이 행하신 구원을 외쳤습니다. 그리고 그들도 뭔가 바뀐 것 같다는 느낌이 들었습니다. 그런데 어느 순간 모든 게 이전 상태로 돌아가 버렸습니다. 에훗이 죽자, 자신들에게 하나님의 구원을 말해 줄 이가 사라지자 그들은 원래 상태, 즉 하나님 앞에서 악을 행하던 상태로 돌아가 하나님의 분노를 사는 중이었습니다.

여러분에게도 혹시 반복되는 죄나 중독이 있습니까? 은혜를 받고 그 은혜로 인해 하나님의 뜻이 아닌 줄 알아서 내 삶에서 끊어 냈는데, 얼마 지나지 않아 그 끊어 버린 것을 다시 취하려고 하지는 않았나요? 잠언은 이런 사람을 이렇게 묘사합니다.

> 개가 그 토한 것을 도로 먹듯이, 미련한 사람은 어리석은 일을 되풀이한다(잠 26:11, 새번역).

여러분, 죄와 중독을 되풀이하는 것은 미련한 짓이고, 개 같은 것입니다. 우리는 하나님 앞에 서지 못하게 하는 것들을 끊어 낼 것을 명령받은 사람입니다. 과연 어떻게 그것들을 끊어 낼 수 있을까요? 하나님은 죄를 끊어 내지 못하는 우리를 어떻게 대하실까요?

하나님의 치심 앞에서

먼저 생각해야 할 것은, 하나님은 '하나님의 백성'이 '하나님의 목전에 악을 행하는 것'을 내버려 두지 않으신다는 것입니다. 사랑의 반대는 미움이나 분노가 아닙니다. 무관심입니다. 하나님은 늘 우리에게 관심이 많으십니다. 결코 우리를 포기하지 않으십니다. 하나님은 우리를 사랑하시기 때문에 '하나님의 백성'에게 개입하십니다. 특별히 죄 가운데 있는 하나님의 백성에게는 예외 없이 매를 들고 오십니다.

> 여호와께서 하솔에서 통치하는 가나안 왕 야빈의 손에 그들을 파셨으니 그의 군대 장관은 하로셋 학고임에 거주하는 시스라요 야빈 왕은 철 병거 구백 대가 있어 이십 년 동안 이스라엘 자손을 심히 학대했으므로 이스라엘 자손이 여호와께 부르짖었더라 (삿 4:2, 3).

하솔은 이스라엘 북쪽 땅에 있는 요새입니다. 여호수아 11장 10절에 보면, "하솔은 본래 그 모든 나라의 머리였더니 그때에 여호수아가 돌아와서 하솔을 취하고 그 왕을 칼날로 쳐 죽[였습니다.]" 하솔은 가나안 땅에 있는 모든 성읍 중 가장 크고 강했습니다. 가나안 정복 전쟁을 치르는 여호수아가 가장 먼저 싸워 이겨야 했던 강력한 적이었습니다. 아직 각 지파로 나뉘기 전의 이스라엘이 직접 하솔을 공격해서 빼앗았습니다. 그런데 어떤 이유에서인지 이 하솔이 가나안인들에게 돌아가 있었고, 그곳에는 여호수아가 죽인 왕과 이름이 같은 왕 '야빈'이 통치하고 있었습니다. 그리고 하나님은 이 야빈에게 이스라엘을 팔아 버리셨습니다. 가나안 왕 야빈의 강력함은 그가 가지고 있던 철 병거 900대와 시스라라고 하는 군대 장관에게서 나온 것입니다. 가장 강력하게 요새화된 성과 철로 된 병거 900대, 지혜와 힘을 갖춘 군대 장관 시스라를 가진 야빈은, 당시 각 지파로 흩어져 있는 이스라엘이 보기에 '이길 수 없는 큰 거인'과도 같았을 것입니다. 그들 손에 이스라엘의 북쪽 일부가 넘어간 것입니다. 야빈은 이스라엘을 단지 조금 힘들게 하는 정도가 아니라 '20년간 심히 학대'했습니다. 여기에 쓰인 '학대'는 '비틀어 짜다'라는 의미로, 포도주 틀에 포도송이를 넣고 사람들이 들어가 밟아 터트려서 포도의 즙을 얻을 때 사용하는 표현입니다. 지근지근 밟아 버리는 것처럼 학대했다는 것입니다. 결국 이스라엘 백성은 하나님에게 '부르짖기' 시작합니다. 이는 곧 하나님 역사의 시작입니다.

여기에서 주목해야 할 표현이 있습니다. "이십 년 동안 이스라엘 자손을 심히 학대했으므로 이스라엘 자손이 여호와께 부르짖었더라"(삿 4:3)입니다. '심히 학대했으므로'가 새번역에서는 '심하게 억압하였다. 그래서'로 되어 있습니다. 심히 학대를 하니까 그제서야 이스라엘 백성이 부르짖었다는 것입니다. 심한 학대가 없었다면, 평안했다면, 크게 어려움을 당하시 않았더라면 이스라엘 백성은 부르짖지 않았을 거라는 의미를 내포하는 것입니다. 하나님은 이스라엘 백성이 하나님 없이, 완전하게 멸망하는 것을 원하지 않으셨습니다. 이스라엘 백성이 하나님의 목전에서 계속 악을 행하면서 부귀와 영화를 누리고 이 땅에서 풍요를 누리다가, 심판의 때가 왔을 때 완전히 멸망당하는 것으로 끝나지 않기를 원하셨습니다. 하나님은 이스라엘 백성을 때리셔서 그들로 하여금 탄식이 나오더라도, 그들이 하나님에게로 돌아와 부르짖기를 원하셨습니다. 그리고 그 일을 실제로 이스라엘 역사 가운데 행하셨고, 지금도 하나님의 백성 가운데 행하십니다.

무식하게 용감한 이스라엘 백성은 20년 정도 당하니까, 포도주 틀에 들어가 밟혀 터지는 자리까지 가게 되니까, 도저히 참을 수 없어서 하나님에게 부르짖습니다. 그런데 여러분, 그들의 고난이 길고 깊었던 이유가 뭘까요? 너무도 고집스러웠기 때문입니다. 어떻게든 하나님에게는 엎드리고 싶지 않았기 때문입니다. 하나님에게 부르짖는 것은 너무나도 자존심이 상했던 것입니다. 할 수 있는 한 자기들이 해결해 보겠다고, 또 참을 만하다고 생각한 것입니다. 여기서 문제는 하나님은 사랑하는 자기 백성을 절대 포기하지 않는 분이라는 점입니다. 그분은 우리가 돌아올 때까지 매로 때리는 것을 멈추지 않으십니다. 하나님이 뜻을 꺾지 않으시니, 방법은 우리가 고집을 꺾는 것뿐입니다. 하나님 앞에서는 자존심 같은 것을 세울 필요가 없습니다. 하나님의 치심이 느껴진다면, 빨리 엎드리는 자가 지혜로운 자입니다. 빨리 부르짖는 자의 자리로 나아가야 합니다. 그렇게 부르짖을 때, 주님의 구원이 임하기 때문입니다. 여러분도 이 부르짖음을 회복하시길 바랍니다. 그리고 그 부르짖음의 회복이 우리를 향한 하나님이 주시는 '은혜의 회복'으로 이어지기를 소망합니다.

랍비돗의 아내, 여선지자 드보라

이제 하나님이 이스라엘의 부르짖음에 대한 반응으로 주시는 구원의 방법이 나옵니다. 여선지자 드보라가 등장합니다.

> 그때에 랍비돗의 아내 여선지자 드보라가 이스라엘의 사사가 되었는데 그는 에브라임 산지 라마와 벧엘 사이 드보라의 종려나무 아래에 거주하였고 이스라엘 자손은 그에게 나아가 재판을 받더라(삿 4:4, 5).

드보라에 대해 몇 가지를 소개해 보겠습니다. 먼저, 드보라는 '랍비돗'이라는 남편이 있는 여자입니다. 두 번째, '여선지자'라는 역할을 했습니다. 하나님의 말씀을 받아 전하는 사람이었습니다. 드보라는 에브라임 산지에 있는 라마와 벧엘 사이, 베냐민 지파의 땅에서 이스라엘 자손을 재판하는 일을 하고 있습니다.

드보라에 대한 짧은 소개를 읽으면서 우리에게 떠오르는 실문이 있습니다. '과연 이 여자가 하솔에 거하는 강력한 야빈, 철로 된 병거를 900대나 가지고 있고, 시스라라는 걸출한 군대 장관을 둔 자에게서 이스라엘을 구원할 수 있겠느냐?'입니다. 도무지 그림이 나오지 않습니다. 일단은 전쟁을 치러야 하는데, 고대에는 싸움에서 이기려면 육체적인 힘과 전문적인 기술이 필요했습니다. 이런 상황에서 여성 리더십은 어울리지 않는 것 같습니다. 그래서 '여성이기는 한데, 엄청나게 싸움을 잘하는 사람이면 가능하겠다'고 생각해 보기도 합니다. 요즘 영화를 보면, 종종 건장한 남자를 힘으로 이기는 근육질의 '여전사'를 만날 수 있기 때문입니다. 그런데 사사기를 기록하는 성령께서는 그런 우리의 상상에 찬물을 끼얹었습니다. 드보라가 얼마나 일상적인지, 얼마나 평범한 사람인지를 강조하는 첫 번째 소개 때문입니다.

드보라에 대한 첫 번째 소개는 '랍비돗의 아내'입니다. 한 사람을 소개하면서 "누구의 아내(남편)입니다"라고 하는 경우는 일반적으로 그 배우자가 유명한 사람이어서 그 유명세에 기대어 대상을 소개하는 것입니다. 그래서 '랍비돗'이 유명한 사람인가 하여 찾아보니 성경 어디에도 다시 등장하지 않습니다. 그래서 어떤 학자들은 '랍비돗'을 일반 명사인 '등불'로 해석하는 경우가 있습니다. 일반 명사인 '등불'로 해석하면, 드보라는 '등불을 든 여인'이라는 의미가 됩니다. 등불이 무엇을 의미하느냐에 따라 조금씩 해석이 달라질 수 있지만, '깨어 있는 여인, 지혜로운 여인'으로 드보라를 소개할 수 있다는 해석이지요. 그런데 성경 다른 곳에서는 그런 방식으로 여성을 소개하는 경우가 거의 없습니다. 그래서 저는 가장 일반적인 방법으로 해석해야 한다고 생각합니다. 그냥 전혀 유명하지 않은 '랍비돗'이라는 사람의 아내, 드보라로 읽는 것입니다. 드보라에 대한 첫 소개가 바로 이 '별 볼일 없는' 랍비돗의 아내입니다. 저자는 왜 하나님이 보내시는 구원자 드보라를 이 정도로 시시하게 소개했을까요? 저는 드보라가 얼마나 평범한 배경을 가진 여인이었는지를 성령님이 강조하려 하셨다고 생각합니다.

드보라는 우리가 일반적으로 생각하는 것처럼 다른 이들과 전혀 다른, '영웅이 되어도 전혀 이상하지 않은' 배경을 가진 여인이 아니었습니다. 그녀는 우리가 생각하는 의미의 신령한 여자가 아닙니다. 깊은 산골에 들어가 홀로 수행해서 하나님을 만난, 세상과는 전혀 무관해 보이는 신녀가 아닙니다. 전사 가문에서 태어나 위대한 무술을 연마한 여전사도 아닙니다. 드보라는 이스라엘 땅에 수도 없이 많은, 평범한 일상을 살고 있는 한 여인이었습니다. 아무개의 아내였고, 아무개의 엄마였습니다. 이것을 강조하기 위해 가장 처음에 그녀를 '랍비돗의 아내'로 소개한 것입니다.

자, 이렇듯 흔하디흔한 이력을 가지고 있는, 일상을 살던 드보라가 지금 어떤 일을 하고 있습니까? 하나님의 말씀을 받아 전하고 있습니다. 그녀는 종려나무 아래에서 사람들을 가르쳤습니다. 재판이나 하나님의 지혜가 필요한 이들은 '드보라의 종려나무' 아래 있는 드보라에게 와서 지도를 받았습니다. 그러면 그녀는 하나님에게 받은 말씀을 가지고, 그 말씀의 판단이 필요한 자들의 길을 인도했습니다. 왜 그녀는 종려나무 아래에서 말씀을 전했을까요? 유대에서 종려나무는 이스라엘을 상징합니다. 또 종려나무에서 나오는 시럽은 꿀과 같은 역할을 했기 때문에 당시에는 종려나무를 '꿀 나무'라고도 했습니다. 드보라의 이름이 '벌'이라는 뜻의 히브리어인 것을 생각할 때, 드보라는 꿀처럼 단 '하나님의 말씀'으로 백성을 재판하고 가르치고 돌보는 벌 같은 사사로 볼 수도 있습니다.

전쟁을 치러야 합니다. 그러나 전쟁을 시작하기 앞서 우선 '사람의 마음'이 새롭게 되어야 합니다. 그래서 하나님은 전쟁을 승리로 이끌 장군을 이 땅에 보내시기 전에, 사람들의 마음에 꿀처럼 단 하나님의 말씀을 전할 벌 같은 여선지자를 주신 것입니다. 대단할 것 없는 이력을 가진 여인이지만, 드보라는 하나님의 말씀을 받아 그 말씀으로 그녀가 속한 자리에서 성실하게 차근차근 말씀을 전했습니다. 하나님은 이 여인을 통해 이스라엘 백성의 마음을 새롭게 만들고 있는 것입니다. 그리고 이 변화가 일어난 후에 이스라엘은 대적과 싸울 수 있었습니다.

저도 여러분의 문제가 빨리 해결되면 좋겠습니다. 상황이 빨리 뒤집어지면 좋겠습니다. 우리 성품이 빨리 바뀌면 좋겠고, 오랫동안 우리를 낙심케 한 중독이 한순간에 끊어지고 새로운 삶의 흐름이 시작되면 좋겠습니다. 그러나 그런 급작스러운 변화는 더 심각한 부작용을 만들 수 있습니다. 하나님은 가장 안전하고 가장 견고한 방식, 중심의 변화에서 시작되는 방식으로 문제를 해결하고 계십니다. 바로 우리에게 하나님의 말씀을 들려주시는 방식입니다.

드보라는 무기를 들고 싸우는 사사가 아니었습니다. 조금 쉽게 말하면, 당장 이스라엘의 문제를 해결할 수 있는 실제적인 지도자가 아니었습니다. 그녀는 전사가 아니라 여선지자였습니다. 이 순간 가장 무력해 보이는 '하나님의 말씀'을 들려주는 사람 말입니다. 그런데 이 여선지자의 말에 사람들이 모여들고 있습니다. 사람들이 이 여선지자가 전하는 하나님의 말씀에 귀를 기울이고 있습니다. 그리고 그 앞에서 오래된 그들의 문제가 해결되는 것을 경험하고 있습니다. 그 말씀에 그들의 마음이 변화되는 것을 경험하고 있습니다.

어느 날 친구 목사랑 대화를 나누다가 "세상에서 가장 한심한 사람이 목사 같아"라는 말을 한 적이 있습니다. 목회를 하다 보면 힘든 이야기를 수도 없이 듣습니다. 성도들이 살아가며 경험하는 수많은 이야기는 목사가 감당할 수 있는 수준의 것이 아닙니다. 교회 안에서 하루 중 대부분의 시간을 성도들과 함께 생활하는 목사인 저는 성도들의 아픔과 슬픔과 미참을 위로일 시혜도, 능력도 없다고 느낄 때가 너무나 많습니다. 돈이 없는 분에게 돈을 벌게 해드릴 기술이 있으면 좋겠다고 생각한 적도 있습니다. 아프신 분들을 치료할 수 있는 의술이 있으면 좋겠다는 생각도 해봤고, 그런 전문적인 의술은 아니어도 수지침이라도 놓을 수 있으면 좋지 않을까 하는 생각도 해보았습니다. 성도들을 만나 사역을 하다 보면 정말 뭐 하나 제대로 하는 것이 없는 저 자신의 무능함을 느끼는 날이 많습니다. 그런 무능함을 깊이 느낀 목회자들 가운데는 이를 보완하기 위해 더 많은 공부를 하시는 분들이 있습니다. 사회 복지나 상담학,

혹은 교육학을 공부하시는 분도 있습니다. 그런데 제 마음에는 그런 것들을 공부하기 위해 많은 시간을 쓰느라 성도들을 직접 돕지 못하는 건 어떻게 해야 하는가와 그 영역이 목사가 해야 할 영역인가 하는 질문도 있습니다. 이도저도 못하는 상황에서 저는 정말 마음이 복잡해집니다.

목사가 무능하다고 느낄 때는 그저 "기도합시다"라고 말해야 할 때입니다. 목사가 참 힘이 없다고 느껴질 때는 아주 구체적인 어려움을 가지고 온 성도들의 면전에서 아주 일반적인 하나님의 말씀을 선포할 때입니다. 과연 이 말씀이 어려움을 가지고 있는 성도를 도울 수 있을지 스스로 확신이 없을 때가 있습니다. 그런데 드보라의 사역을 보노라면, 누군가는 꼭 목사의 일을 해야 한다는 생각이 듭니다. 야빈의 폭압이 있고 시스라의 위협이 있지만 그 속에서 성도들에게 하나님의 말씀을 신실하게, 꿀벌처럼 전하는 선지자의 역할 말입니다. 저는 드보라가 하나님의 말씀을 전할 때, 종려나무 아래에서 꿀을 먹는 것처럼 그 말씀을 받아먹고 있는 이스라엘 백성을 생각해 봅니다. 그리고 그들이 그 말씀을 먹을 때마다 살아나고, 그 말씀을 깨달을 때마다 인생길에 대한 하나님의 조언을 들으며, 결단하고 일어나 걷게 되는 것을 생각해 봅니다. 말씀은 때로 무능하고 적실하지 않아 보입니다. 그러나 성경은 그렇지 않다고 선언합니다. 말씀으로 중심을 치료한 후에야 모든 변화가 시작되기 때문입니다.

여러분에게 하나님의 말씀이 꿀처럼 달기를 소원합니다. 말씀

전하는 것을 맡은 제가 꿀벌과 같이 열심을 내어 하나님 말씀의 단맛을 찾아내고, 그 맛을 잘 전할 수 있기를 바랍니다. 가장 더딘 것 같지만 사실은 가장 강력하고 안전한 방식인 하나님의 말씀이 우리 중심에 변화를 만들어 내기를 바랍니다. 말씀을 붙들고 말씀으로 감격하며 말씀이 인도하는 대로 나아가, 말씀을 통한 승리를 경험하는 여러분이 되시길 바랍니다.

상을 잃어버린 바락

이제 본문의 두 번째 주인공인 '바락'을 보겠습니다.

> 드보라가 사람을 보내어 아비노암의 아들 바락을 납달리 게데스에서 불러다가 그에게 이르되 이스라엘의 하나님 여호와께서 이같이 명령하지 아니하셨느냐 너는 납달리 자손과 스불론 자손 만 명을 거느리고 다볼산으로 가라 내가 야빈의 군대 장관 시스라와 그의 병거들과 그의 무리를 기손강으로 이끌어 네게 이르게 하고 그를 네 손에 넘겨주리라 하셨느니라(삿 4:6, 7).

하나님의 때가 되었을 때, 드보라는 아비노암의 아들 바락에게 사람을 보내어 '납달리 게데스'로 오라고 전합니다. 그리고 그곳에서 하나님이 바락을 통해 이루시기 원하는 일에 관하여 전합니다.

"너는 납달리와 스불론 자손 만 명을 데리고 다볼산으로 가라. 내가 시스라와 그 병거들을 기손강으로 이끌어 내겠다. 그리고 너에게 그 시스라를 넘겨주겠다." 이것이 핵심입니다.

하나님은 '누구를 데려가라', '몇 명을 데려가라', '어디로 가라' 하고 구체적으로 말씀하십니다. 심지어 마지막에는 "내가 그를 네 손에 넘겨주겠다"는 승리까지 약속하십니다. 전쟁에서 이길 뿐만 아니라 적장 시스라를 바락의 손에 넘겨주겠다고 약속하신 것입니다. 적장을 잡는 영광, 이 전쟁의 승리자가 되게 해주겠다는 약속을 하시면서 '바락'이라는 당시의 장군에게 야빈과의 전쟁을 시작하라고 명령하셨습니다. 자, 그럼 바락은 어떤 선택을 해야 할까요? 여러분이라면 어떻게 했을까요? 기세 좋게 군대와 함께 전장으로 달려갈까요? 아쉽게도 그는 그렇게 하지 못합니다.

> 바락이 그에게 이르되 만일 당신이 나와 함께 가면 내가 가려니와 만일 당신이 나와 함께 가지 아니하면 나도 가지 아니하겠노라 하니 이르되 내가 반드시 너와 함께 가리라 그러나 네가 이번에 가는 길에서는 영광을 얻지 못하리니 이는 여호와께서 시스라를 여인의 손에 파실 것임이니라 하고 드보라가 일어나 바락과 함께 게데스로 가니라(삿 4:8, 9).

바락은 하나님의 말씀에 순종해야 했습니다. 그런데 순종할 수 없었습니다. 왜 그랬을까요? 시스라와 900대의 철 병거가 너무 두려웠기 때문입니다. 그는 하나님의 말씀을 듣고, 그 말씀을 믿고 움직여야 했습니다. 그런데 눈에 보이는 적은 여전히 너무나 강해 보였습니다. 그렇다고 해서 하나님의 말씀을 무시할 만큼 무지하지도 않았습니다. 그래서 그가 한 선택은 조건부 순종이었습니다. "말씀을 증거하는 드보라 당신이 나와 함께 전장으로 간다면 나도 가겠습니다." 보이지 않는 하나님의 말씀만 믿고 움직이는 것이 몹시 두려웠기에 말씀을 전한, 보이는 하나님의 사람과 함께 전장에 가겠다는 것입니다.

여러분, '바락'이라는 이름의 뜻은 '번개, 벼락'입니다. 이름만 봐도 뭔가 군사적인 힘을 가지고 있는 자임을 느낄 수 있습니다. 그는 '꿀벌 드보라'에 비해 훨씬 전쟁을 잘할 수 있는 사람이었을 것입니다. 그가 백성에게 말했을 때, 만 명이 전쟁을 위해 나온 것을 보면, 그는 이미 그 지역에서 유명한 사람이었을 것입니다. 그런데 하나님의 말씀만 의지하여 전쟁터로 나가는 것은 못하겠다는 것이지요. 꿀벌인 당신이 나와 함께하지 않으면 벼락인 나는 전쟁터에 못 가겠다며 뒤로 숨고 있는 것입니다. 그 일의 결과는 어떻게 되었을까요? 9절에 나오듯 바락은 하나님이 약속하신 영광을 얻지 못합니다. 즉 적장 시스라를 잡는 영예를 누리지 못한다는 것입니다. 승리의 약속은 유지되지만, 약속에 붙어 있던 바락에 대한 포상 내용이 바뀐 것입니다.

사실 우리는 말씀만 붙들고 살아 본 적이 별로 없습니다. 하나님이 말씀하시면 반드시 성취되리라는 것을 경험해 보지 못했습니다.

왜 그렇습니까? 그렇게 살아 본 적이 없기 때문입니다. 우리는 너무 많이 속았기 때문에 하나님도 그렇게 우리를 속이실 것이라는 불안이 있습니다. 그래서 뭐라도 확인을 받고 싶은 것이지요. 아이들도 그렇습니다. 약속을 하고 끝내는 법이 없습니다. 손가락을 걸어야 합니다. 엄지손가락으로 도장을 찍어야 합니다. 손바닥으로 복사를 해야 합니다. 그리고 복사한 것을 서로 따로 보관하고 있어야 마음이 놓입니다. 눈에 보이는 무언가가 없다면 불안하기 때문입니다.

우리는 하나님의 말씀만 있어도 되지만, 그래도 뭔가 다른, 눈에 보이는 보증(체험, 현상, 사인)이 있으면 좋겠다고 생각합니다. 하나님의 말씀만 믿고 움직이기에는 너무 불안하기에, 이 불안을 잠재워 줄 증거물을 구하는 겁니다. 이후에 등장하는 사사 기드온처럼 하나님이 분명 말씀하셨는데도, 양털을 들고 하나님 앞에 가서 기적과 같은 표적을 구하고 싶은 마음이 있는 것입니다. 하나님의 말씀만으로는 순종하지 못하겠다는 것입니다. 여러분, 그렇다고 너무 민망해 하지 마십시오. 우리 하나님은 그런 우리의 마음 상태와 수준을 너무나도 잘 아십니다. 그리고 그 마음을 아시기 때문에 기드온이 양털을 들고 와서 요청한 표적을 보여 주셨습니다. 많은 표적을 구하는 우리의 기도에 응답하시는 것도 이와 같은 이유 때문입니다. 하나님은 우리가 하나님의 말씀에 순종하여 움직이기가 얼마나 어려운지를 정확하게 아십니다. 그러나 여러분, 하나님이 그렇게 해주셨다고 해서 그것이 우리 삶에 최선은 아닙니다. 하나님이 원하시는 것은 우리가 그 이상으로 반응하는 것입니다. 하나님이 원하시는 것은 '하나님의 말씀에 대한 우리의 믿음, 그리고 그 말씀에 대한 믿음에서 나오는 순종'입니다.

하나님은 '말씀으로' 천지를 창조하신 분입니다. 우리는 하나님에게 '그 능력의 말씀'을 받았습니다. 이제 이 말씀을 읽을 수 있고, 들을 수 있습니다. 조금만 노력한다면 이 말씀을 외울 수도 있고 공부할 수도 있습니다. 때로는 하나님의 말씀에서 우리가 가지고 있는 상식과 다른 부분을 발견하기도 할 것입니다. 그때 우리 상식으로 하나님의 말씀을 판단하는 것은 말씀을 대하는 잘못된 태도입니다. 성도는 말씀을 기준으로 판단하는 사람입니다. 하나님의 말씀이 모든 것의 기준입니다.

바락은 도무지 순종할 수가 없었습니다. 말씀을 믿고 전쟁에 나갈 수가 없었습니다. 그것이 그의 수준이었습니다. 그래서 눈에 보이는 증인인 여선지자와 함께 가고자 했습니다. '벼락'인 바락이 '꿀벌'인 드보라 뒤에 숨고 있는 것입니다. 성경은 이 장면이 얼마나 우스꽝스러운지를 이름이 가진 이미지로 보여 주고 있습니다. 그리고 그 결과 바락은 하나님이 자신에게 주시려고 한 상을 놓쳐 버리기까지 합니다. 그것이 그의 수준이었기에 어쩔 수 없는 결과입니다. 여러분, 저는 성도들이 이 상을 놓치지 않기를 원합니다. 전쟁은 전쟁대로 다 치러 놓고 막상 마지막에 얻을 상을 놓쳐서야 되겠습니까? 그러니 하나님 말씀의 신실함을 붙드십시오. 심각한 위기가 다가오기 전에, 우리 일상의 삶 속에서 이 말씀의 신실함을 시험하고 경험하십시오. 작은 순종의 훈련들을 통해 하나님 말씀이 얼마나 참된지를 경험하십시오. 꿀처럼 단 그 말씀이 우리 삶을 살리고 고치는 것을 맛봐야 합니다. 그렇게 우리는 말씀에 순종하는 훈련을 해야 합니다. 그리고 때가 되어 정말 순종하기 어려운 하나님의 말씀이 임할 때 "예"로 답하며 나아가야 합니다. 위기의 순간에 담대하게 말씀을 붙들고 순종함으로, 주님이 우리를 위해 준비하신 모든 상을 받으실 수 있기를 바랍니다.

손해가 되더라도

> 바락이 스불론과 납달리를 게데스로 부르니 만 명이 그를 따라 올라가고 드보라도 그와 함께 올라가니라(삿 4:10).

바락의 조건부 순종에 대한 선언에, 드보라는 곧바로 "내가 전쟁터에 함께 가겠다"(8절 참조)고 말합니다. 그러고는 그 전쟁터로 함께 올라갑니다. 우리는 이 부분을 별로 이상하게 생각하지 않습니다. 야빈의 폭압을 당하고 있던 상황이라면 여인이라 할지라도 전쟁터에 갈 수 있지 않느냐는 생각 때문입니다. 그러나 성경은 드보라가 사역하던 지역을 에브라임 산지라고 분명하게 밝히고 있습니다. 그녀는 베냐민 지파의 땅인 유대 남쪽에서 활동하던 사사였고, 야빈에게 빼앗긴 지역은 유대 북쪽에 있는 스불론과 납달리 지파의 땅이었습니다. 드보라는 야빈의 폭압과 무관하게 평안한 삶을 살던 여인이었습니다. 이제까지와 같이 계속 그렇게 말씀을 전하며 종려나무 아래의 삶을 살 수 있는 여인이란 말입니다.

드보라는 여인의 몸으로, 심지어 전쟁에 대해 전문적으로 훈련받은 적도 없이, 자신과 전혀 상관없는 땅까지 가서 자신을 위험 앞에 두고 있는 것입니다. 왜 그렇게 했을까요? 그녀는 말씀을 전하는 사역자로서 하나님의 말씀을 믿고 있음을 자신의 생명을 걸고 증명해야 할 책임을 느꼈습니다. 그래서 하나님이 자신을 통해 증거하신 말씀의 확실성을 자신의 생명으로 순종하고 증명하는 것입니다. 그녀는 말로만이 아니라 자신의 전부로 자신이 증거하던 말씀을 살아 낸 참 선지자였습니다. 오늘을 사는 우리 역시 삶 전체로 우리에게 임한 하나님 말씀의 증인이 될 수 있기를 바랍니다.

드보라의 이야기는 우리에게 몇 가지를 권면합니다. 첫째, 하나님이 내 삶을 치고 계신다고 느낀다면 자존심 부리지 말고 빨리 엎드려 주님에게 부르짖는 지혜로운 자가 되십시오. 둘째, 구체적인 문제들이 해결되기 전에 먼저 해결되어야 하는, 마음의 회복을 말씀 앞에서 경험하십시오. 셋째, 하나님이 말씀으로 모든 것을 하실 수 있음을 신뢰하며, 그 말씀에 순종함으로 받게 될 상을 잃어버리지 마십시오. 넷째, 주님의 말씀이 때로는 내 삶에 손해인 것처럼 보일지라도, 또 진짜 손해가 될지라도 성도인 내가 그 말씀의 증인이라는 것을 기억하고, 말씀에 순종하는 삶을 살아 주십시오. 여러분의 삶 가운데 꿀벌 드보라가 만들어 내는 아름다운 순종의 고백과 승리의 소식이 끊이지 않기를 소망합니다.

야엘

헤벨의 아내 야엘이
장막 말뚝을 가지고 손에 방망이를 들고

무기를 들고 일어나라

삿 4:11-24

유목 생활을 하는 이방 여인

앞 장에 이어 이 장에서도 성경 속 믿음의 여인 한 사람을 살펴보겠습니다. 성경 전체에서 우리가 만나는 사건의 중심에는 대부분 남성이 있습니다. 그래서 이번 기회에 믿음의 본이 될 만한 성경 속 믿음의 여인들을 찾아보고 배우는 시간을 가져 보면 좋을 것 같습니다. 특별히 앞에서 우리는 이스라엘의 여선지자이며 사사로 이스라엘을 재판하던 여인 드보라를 살펴보았습니다. 그녀는 여성이라는 한계를 넘어 하나님의 말씀으로 이스라엘의 어미가 되었고, 끊임없이 꿀을 따서 나누는 꿀벌과 같은 성실함으로 이스라엘 갱신의 첫걸음이 되는 '말씀의 부흥'을 이끌었습니다. 이 장에서는 그 드보라의 사건 속에서 드보라를 통한 예언에서 조건부 순종으로 상을 잃게 된 바락 대신 상을 받게 되는 야엘을 살펴보겠습니다.

우리에게 야엘은 생소합니다. 앞에 등장한 드보라는 그래도 여선지자라는 명함이 있고, 사사라는 직함도 있습니다. 이스라엘 백성이 드보라를 존경할 수밖에 없는 이유도 있습니다. 그녀의 사역은 이스라엘의 유력한 자, 바락과 직접 만나 동역할 정도의 규모였습니다. 그러나 야엘에게는 그런 것이 없습니다. 야엘에 대한 소개는 그녀가 '헤벨의 아내'라는 것 정도입니다. 헤벨은 이스라엘 민족이 아니라 미디안의 겐 족속 사람이었습니다. 수식어가 전혀 없는, 유목 생활을 하는 이방 여인이라는 정도가 이 여인에 대한 소개입니다. 과연 이 여인은 어떻게 이스라엘의 구원자가 되는 것일까요? 그리고 이 여인이 하는 사역의 방식은 과연 옳은 것일까요? 이 이야기를 통해 우리가 얻게 되는 교훈은 무엇일까요?

하나님의 손 안에 있는 시스라

전투가 시작되었습니다. 바락이 1만 명의 이스라엘 군대와 함께 다볼산에 올랐다는 소식을 들은 시스라는 모든 병거와 군대를 이끌고 기손강으로 왔습니다.

> 아비노암의 아들 바락이 다볼산에 오른 것을 사람들이 시스라에

게 알리매 시스라가 모든 병거 곧 철 병거 구백 대와 자기와 함께 있는 모든 백성을 하로셋학고임에서부터 기손강으로 모은지라(삿 4:12, 13).

이제 곧 거대한 전투가 벌어질 것입니다. 그런데 여기서 짚고 넘어가야 할 것이 있습니다. 12, 13절에서 말하는 전쟁과 관련된 모든 진행 과정이, 이미 드보라가 바락에게 전한 하나님의 명령인 4장 6, 7절에 있던 내용이라는 것입니다. 바락이 명령하면 1만 명의 군대가 모일 것이고, 그들이 다볼산에 진을 치면 시스라가 그의 병거와 그의 무리를 기손강으로 이끌어 올 것이라는 예고 말입니다.

가나안 왕 하솔의 군대 장관 시스라는 이 모든 상황을 보며, 이스라엘을 제압할 수 있는 확실한 기회라고 생각했습니다. 그는 이스라엘 군대가 다볼산에 모여 있다는 정보를 듣고 기뻐했습니다. 다볼산, 현대의 이름으로는 타보르산의 지형을 보면 시스라의 생각을 이해할 수 있습니다. 다볼산은 한국의 산처럼 산맥 가운데 높이 솟아 있는 산이 아니라 평지에 솟아오른 독립된 높은 언덕 모양입니다. 이 산 위에 1만 명이 있다면, 산 아래에서 이 산을 포위하기만 해도 그 안에 있는 모든 이스라엘 군대를 학살할 수 있습니다. 그래서 그는 이번 기회에 이스라엘 반란의 싹까지 잘라 버릴 생각으로 자신이 동원할 수 있는 모든 것을 기손강에 집결시켰습니다. 당시 최고의 군대 장관이 내놓은 필승의 전술이었습니다. 하나님 백성의 부흥 운동을 시작과 함께 망하게 하기 위한 사단의 하수인이 내놓은 최고의 전략입니다.

그런데 여러분, 시스라의 그 모든 계획은 이미 하나님이 말씀을 통해 예고한 것이었습니다. 시스라는 여호와 하나님의 손 안에 있었습니다. 시스라의 날고 기는 모든 계획은 하나님의 머릿속에 있었습니다. 시스라가 무얼 해도, 하나님의 손바닥을 벗어날 수 없습니다.

여러분, 이것을 아는 것이 중요합니다. 우리가 세상을 두려워하는 이유는 세상이 우리보다 힘이 있고, 능력이 있고, 지혜가 있다고 생각해서입니다. 그 힘과 능력과 지혜로 우리를 압도할 것이라 생각합니다. 우리는 그것들과 싸울 힘이 없다고 생각하지요. 그러니 세상과 맞서지 못하는 것입니다. 그런데 하나님의 말씀은 무엇을 이야기합니까? 세상이 아무리 뛰어 봤자 하나님 손바닥 안이라는 것입니다. 시스라만 그런 것이 아니라 온 세상이 그렇습니다. 이 땅의 정치와 경제도 그러합니다. 이 땅에서 일어나는 모든 일은 다 그분의 손 안에서 일어나는 것입니다. 여러분의 마음에 이 땅에서 일어나는 모든 일이 하나님의 손 안에서 일어난다는 믿음과, 그 믿음에서 나오는 담대함이 있기를 바랍니다.

보이는 것과 보이지 않는 것

이제 드보라의 외침으로 전투가 시작됩니다.

드보라가 바락에게 이르되 일어나라 이는 여호와께서 시스라를 네 손에 넘겨주신 날이라 여호와께서 너에 앞서 나가지 아니하시느냐 하는지라 이에 바락이 만 명을 거느리고 다볼산에서 내려가니 여호와께서 바락 앞에서 시스라와 그의 모든 병거와 그의 온 군대를 칼날로 혼란에 빠지게 하시매 시스라가 병거에서 내려 걸어서 도망한지라 바락이 그의 병거들과 군대를 추격하여 하로셋학고임에 이르니 시스라의 온 군대가 다 칼에 엎드러졌고 한 사람도 남은 자가 없었더라(삿 4:14-16).

번개 바락은 여기서도 입을 열지 못합니다. 그가 진격 명령을 내리지 못하고 드보라가 명령하는 이유는 그마저도 지금 주저앉아 있기 때문입니다. 드보라가 "일어나라"고 말하는 것은, 단순하게 이스라엘 군대가 앉아 있기 때문에 일으켜 세우려는 것이 아닙니다. 여기서 "일어나라"는 여호수아 7장과 8장에서처럼 '싸울 의욕을 잃어버려서 싸울 수 없게 된 이들을 향한 격려'로 이해해야 합니다. 정확하게는 '마음을 굳게 하여 전투에 임하라' 또는 '힘을 내라'는 뜻입니다.

이스라엘 군대는 왜 주저앉아 버린 것일까요? 이스라엘 산이 대부분이 그러하듯 다볼산도 앞이 훤히 보이는 산입니다. 이스라엘도 시스라의 군대가 보이고, 시스라도 이스라엘 군대를 볼 수 있습니다. 그 산 위에서 바락과 이스라엘 1만 군대는 시스라의 철 병거와 그 군대를 봤습니다. 잘 준비된 그들의 무장 상태를 보았고, 전투복을 보았고, 타고 있는 말과, 그 유명한, 철로 된 병거 900대를 보았습니다. 건기라서 딱딱하게 굳어 있는 기손강에 도열한 900대의 철 병거와 말은 요즘 말로 하면 대포와 철갑으로 완전 무장한 기갑 부대에 해당합니다. 그 철 병거 주변에 있는 가나안 군인들의 모습에도 위축되기는 마찬가지입니다. 전투복을 맞춰 입고, 완전 무장한 가나안 군인들, 정규화된 무기를 들고 대열을 맞춰 서 있는 가나안 군인들의 모습은 이스라엘을 절망시켰습니다. 그들에 비해 나은 것이 하나도 없기 때문입니다. 철 병거와 마병은 물론이고 개인이 들고 있는 무기와 입고 있는 갑옷마저 초라했습니다. 그들은 아직도 청동기 시대를 살고 있었습니다. 몇 명만이 청동기 무기를 들었고 대부분은 돌이나 나무로 만든 무기를 들고 나왔습니다. 도무지 상대가 되지 않습니다. 적들에 비하면 아군은 아무것도 없는 것과 같았습니다. 그래서 바락과 이스라엘 군대는 싸우기도 전에 싸울 의지를 잃고 자리에 털썩 주저앉아 버린 것입니다.

여러분, 싸우기 전에 상대가 '내가 이길 만한 적인지'를 확인해야 합니다. 이것이 상식입니다. 이길 수 없는 적이라면 빨리 항복해야겠지요. 지금 두 군대의 모습을 객관적으로 비교하면 이스라엘이 이길 가능성은 없습니다. 너무도 절망적인 상태입니다. 전투를 포기하고 털썩 주저앉아 버리는 것이 당연합니다. 누구도 이들을 보면서 용기가 없다고 말할 수 없습니다. 불가능해 보이는 전쟁인 까닭입니다. 그러나 드보라는 이 상황에서 "일어나라"고 외칩니다. 어떻게 이럴 수 있을까요? 상식적으로 생각해 보면, 드보라가 여자여서 전쟁을 모르기 때문이라고 할 수 있습니다. 적들이 철 병거 900

대를 가지고 있다는 무슨 의미인지 모르는 것입니다. 적들이 잘 준비되어 '진영을 짜고 있다'는 의미를 모르는 것입니다. 우리쪽이 그래도 1만 명이나 있으니 하나님이 함께하시면 이길 수도 있을 거라고 막연하게 생각하고 있다는 것입니다.

그런데 드보라는 다른 이들이 보지 못하는 것을 보고 있습니다. 드보라의 명령을 다시 살펴보십시오. "일어나라"와 연결되는 14절의 명령입니다. "이는 '여호와께서' 시스라를 네 손에 넘겨주신 날이라 '여호와께서' 너에 앞서 나가지 아니하시느냐."

드보라는 아무도 보지 못하는 것, 보이지 않는 것을 보고 있습니다. 바로 여호와 하나님이 지금 우리 앞에 서 계시고, 우리 앞에서 싸우시려는 모습입니다. 그런데 14절 문장 자체가 조금 이상합니다. 어색한 느낌입니다. 14절에 "나가지"라고 번역된 단어는 이미 완결된 상태를 표현하는 '완료형' 동사이기 때문입니다. 그래서 다른 한국어 번역본 성경에서는 이 부분을 조금 풀어서 번역하기도 합니다. 새번역은 "주께서 친히 그대 앞에 서서 싸우러 나가실 것입니다"로 자연스럽게 번역하고 있습니다. 그렇지만 저는 어색하게 느껴지는 개역개정 성경이 성경 원어의 의미를 더 잘 살린 것이라고 확신합니다. 지금 드보라는 하나님이 이스라엘 군대 앞에서 이 전투를 시작하시는 모습을 보면서 말하고 있기 때문입니다. 드보라는 보이지 않는 것을 예측하고 있는 것이 아닙니다. 그래서 그녀는 "하실 것입니다"라고 말하지 않습니다. 그녀는 하나님이 이스라엘 군대 앞에 서신 것이 보였고, 보이는 그 하나님에 관하여 확신에 차서 외친 것입니다. "여호와께서 지금 너희 앞에서 적진을 향해 전진하고 계시지 않느냐!"

단지 하나님이 이 모든 상황 가운데 함께하실 거라고 말하는 것만으로는 만족할 수 없습니다. 모든 것은 하나님의 손바닥 안에 있다고 말하는 것으로는 하나님의 백성이 전투를 치를 수 없습니다. 우리에게 필요한 것은 무엇입니까? 하나님이 우리 앞에서 우리의 대적을 향해 칼을 들고 서신 것을 보는 것입니다. 드보라는 그 하나님의 등을 봤기 때문에 확신에 차 있는 것입니다. 하나님의 말씀에 순종하여 불가능해 보이는 전쟁터에 나온 하나님의 백성과 하나님이 함께하심을 눈으로 보듯 경험하고 있는 것입니다. 그래서 그녀는 "앞서 싸우시는 하나님을 따르라"고 외칠 수 있는 것입니다. 이 시간, 우리 하나님이 사랑하는 여러분의 눈을 밝히사 하나님이 우리 삶에서 우리와 함께하심을 볼 수 있기를 바랍니다. 그 전능하신 하나님, 엘 샤다이의 하나님의 전쟁에 참전함으로 하나님의 승리를 함께 맛볼 수 있는 여러분이 되시기를 바랍니다.

야엘의 장막에 숨어든 시스라

전투는 허무하게 끝나 버렸습니다. 사사기 5장에 나오는 드보라의 노래를 보면 이 전투가 어떻게 진행되었는지를 자세히 살펴볼 수 있는데, 이 내용은 다음 단락에서 다루도록 하겠습니다. 사건 자체만 보면 이 전투는 이스라엘의 승리로 마무리되었습니다. 시스라의 모든 군대는 궤멸되었고, 철 병거도 파괴되었습니다. 그 와중에 군대 장관 시스라만 살아남아 야빈 왕이 있는 하솔 방향으로 도주하였습니다.

> 시스라가 걸어서 도망하여 겐 사람 헤벨의 아내 야엘의 장막에 이르렀으니 이는 하솔 왕 야빈과 겐 사람 헤벨의 집 사이에는 화평이 있음이라(삿 4:17).

드디어 11절에 나온 모세의 장인 호밥의 자손 중 겐 사람 '헤벨'이 등장합니다. 그런데 주인공은 헤벨이 아니고 헤벨의 아내 야엘입니다. 시스라는 자신의 왕인 하솔 왕 야빈을 향해 가던 중, 헤벨의 장막이 있는 게데스를 지나게 되었습니다. 그는 철 병거를 버리고 걸어서 도주하는 중이었고, 부하가 한 사람도 하나도 남아 있지 않았습니다. 그는 몹시 두렵고, 목마르며, 매우 피곤한 상태였습니다. 시스라는 평소 평화롭게 지내던 헤벨에게 물이라도 한 모금 얻어먹고 싶었던 것 같습니다. 헤벨의 아내 야엘은 친절하게 시스라를 맞이합니다. 이어지는 야엘의 행동과 말을 보십시오.

> 야엘이 나가 시스라를 영접하며 그에게 말하되 나의 주여 들어오소서 내게로 들어오시고 두려워하지 마소서 하매 그가 그 장막에 들어가니 야엘이 이불로 그를 덮으니라 시스라가 그에게

말하되 청하노니 내게 물을 조금 마시게 하라 내가 목이 마르다 하매 우유 부대를 열어 그에게 마시게 하고 그를 덮으니(삿 4:18, 19).

이것은 과잉 친절입니다. 야엘은 지나가려던 시스라를 향해 들어오라고 합니다. 이불로 그를 두 번이나 덮어 주고 있습니다. 피곤할 테니 조금 자라는 것이지요. 시스라는 물을 달라고 했는데, 물을 타지 않은 우유를 따라 줍니다. 5장에 나오는 드보라의 노래를 보면 '엉긴 우유'라고 하는데 이는 최고급 우유를 의미합니다. 우리는 헤벨의 아내 야엘의 과잉 친절을 보면서 뭔가 이상한 느낌을 받습니다. 그런데 시스라는 지금 그런 것을 생각할 여력이 없는 것 같습니다. 그는 '그 우유'를 마시고, '그 이불'을 덮고, "누가 와서 물으면 그런 사람 못 봤다"라고 말해 달라고 한 후에 깊이 잠들어 버립니다.

여러분, 잘 모르는 사람이 이유 없는 친절을 베푼다면 뭔가 의심을 해야 합니다. 우리는 어릴 때부터 그런 동화를 많이 읽고 들으며 자랐습니다. 어떤 선비가 한양에 과거를 보러 가다가, 한밤중에 길을 잃고 헤매게 되었습니다. 그러던 중 산속에 있는 집을 하나 발견했는데, 그 집에는 소복을 입은 미모의 과부가 있었고 그 과부가 몹시 친절하게 선비에게 식사와 잠자리를 제공해 주지요. 여기서 우리는 딱 느낌이 옵니다. '이 여자는 보통 여자가 아니다.' 아마 꼬리가 아홉 개 달린 여우인데, 조금 있다가 이 남자를 죽이고 간을 꺼낼 것이라고 예상합니다. 그런데 시스라는 그런 동화를 읽어 본 적이 전혀 없는 것 같습니다.

우리는 지금 악인이 무너져 가는 장면을 보고 있습니다. 그는 방금 전까지 이스라엘 전체를 떨게 만들던 '강한 자'였습니다. 그런데 하나님은 그 시스라의 실체가 무엇이었는지를 드러내십니다. 그의 강함은 철 병거 900대와 함께할 때, 자신의 군대와 함께할 때만 나오는 것이었습니다. 병거와 군대를 잃은 그는 아무것도 아닌 자입니다. 그는 유목민 여인의 장막에 숨어 들고, 거기서 우유를 주니 그 우유를 마시고, 이불을 덮어 주니 그 이불을 덮습니다. 결국에 그는 깊은 잠에 빠져 버립니다. 시스라는 어느 것 하나 주도하지 못합니다. 모든 것을 헤벨의 아내 야엘에게 맡깁니다.

20절은 대단히 많은 의미를 담고 있습니다. 시스라는 "여기 어떤 사람이 있느냐 하거든 너는 없다 하라"는 지침을 줍니다. 그런데 히브리어 원어로 "어떤 남자가 있느냐?" 라는 표현입니다. 이 장막 안에 "남자는 없다. 나는 남자가 아니다"라는 말을 스스로 하는 것입니다. 맞습니다. 여기 이스라엘을 호령하던 남자는 없습니다. 두려움에 떨며 목말라 하고 피곤해 하는, 여인에게 도움을 구하고 있는 '무력한 아이'가 하나 있는 것입니다. 사사기 저자는 이런 방식으로 하나님이 시스라를 철저하게 발가벗기셨음을 보여 줍니다.

시스라는 이길 수 없는 군대 장관 같았습니다. 군대와 함께 있을 때, 철 병거를 타고 있을 때, 그는 누구도 꺾을 수 없는 힘을 가진 듯 보였습니다. 그런데 철 병거에서 내려오니, 군대로부터 떼어 놓으니, 그는 아무것도 아니었습니다. 이것이 세상입니다. 세상은 화려

한 것으로 한껏 포장해서 강해 보입니다. 그러나 그 화려한 포장을 벗겨 내면, 남은 것은 한없이 초라한 것뿐입니다.

우리는 하나님이 보여 주시는 방식으로 '이 세상'을 봐야 합니다. 우리를 두렵게 하는 세상의 포장에 속아서는 안 됩니다. 그 포장 뒤에 있는, 결코 하나님의 백성을 무너뜨릴 수 없는 '무력한 세상'을 보아야 합니다. 사단은 '우는 사자' 같습니다. 사단은 두루 다니며 삼킬 자를 찾고 있습니다(벧전 5:8 참조). 그런데 그 사자 같은 사단의 머리는, 이미 십자가에 달리신 예수님에 의해 깨지고 부서졌습니다. 겉으로 보면 사단은 여전히 강력하며, 세상의 주인처럼 호령하고 행동합니다. 그러나 사단은 자신에게 주어진 시간이 얼마 남지 않았다는 것과 그 후에 있을 하나님의 심판을 알고 떨고 있습니다. 여러분, 성도는 그런 세상의 실체를 정확하게 보고, 그 세상 속에서 하나님의 백성이 지금 해야 하는 믿음의 선택을 하는 자들입니다. 여러분 모두 눈이 열리기를, 그리고 그 열린 눈앞에 펼쳐진 진리대로 행할 수 있는 자들이 되시기를 바랍니다.

스스로 무기를 든 야엘

시스라는 마치 아이처럼 야엘의 장막에 들어와 우유 한 잔을 마시고, 이불을 덮고 잠에 빠져들었습니다. 곧 그는 코를 골며 잠이 듭니다. 그때였습니다. 방금 전까지 친절을 베풀던 야엘의 눈빛이 돌연 바뀝니다.

> 그가 깊이 잠드니 헤벨의 아내 야엘이 장막 말뚝을 가지고 손에 방망이를 들고 그에게로 가만히 가서 말뚝을 그의 관자놀이에 박으매 말뚝이 꿰뚫고 땅에 박히니 그가 기절하여 죽으니라(삿 4:21).

야엘이 발소리를 죽이며 밖으로 나가더니, 그 손에 장막을 고정하는 말뚝과 그 말뚝을 박을 때 사용하는 방망이를 들고 장막 안으로 들어와 잠들어 있는 시스라에게 다가갑니다. 시스라는 새우처럼 옆으로 몸을 웅크린 채 잠들어 있습니다. 야엘은 말뚝의 뾰족한 끝을 시스라의 관자놀이에 대고 아주 익숙한 솜씨로 방망이로 말뚝의 윗면을 쳤습니다. 중동의 유목민들은 지금도 이동을 위해 장막을 치고 걷는 일이 여성의 역할이라고 생각합니다. 이것으로 볼 때, 야엘 역시 장막을 고정하는 말뚝을 박는 일에 익숙했을 것입니다. 그녀의 방망이는 정확하게 말뚝 윗면을 때렸고, 말뚝은 시스라의 정수리를 뚫고 뇌에 박혔습니다. 야엘은 멈추지 않고 그 말뚝이 땅에 완전히 박힐 때까지 내려쳤습니다. 성경은 시스라의 최후를 기록하면서, "그가 기절하여 죽으니라"고 말하고 있습니다. 여기서 '기절'이라는 표현은, '탈진 또는 기진'의 의미가 있습니다. 즉 시스라가 잠들어 있는 상태에서 단번에 죽은 것이 아니라는 의미입니다. 말뚝이 머리에 박히는 동안, 그는 극심한 고통으로 인해 깨어났고, 온 힘을 다해 발버둥 치다가 힘이 빠져 죽었다는 것입니다.

우리 상식으로 야엘의 행동은 너무 잔인한 것 같습니다. 이런 여인과 함께 살아야 한다고 생각하면 두려워집니다. 그러나 이런 생각은 사건의 맥락을 완전히 벗어난 것입니다. 당시 군대 장관 시스라는 하나님의 백성을 압제하는 악의 상징입니다. 시스라로 인해 이스라엘의 많은 백성이 고통당했습니다. 시스라가 하솔로 돌아가 가나안 왕 야빈을 만나게 되면, 분명 군대를 재정비해서 이스라엘을 칠 것입니다. 시스라는 하나님의 백성을 공격하는 악의 상징이며, 하나님의 심판 대상입니다. 지금 이방 여인 야엘은 이스라엘의 온 백성이 하지 못한, 또 바락도 하지 못한, 그 하나님의 심판을 대행하는 구원자로 이 일을 시행한 것입니다.

여기서 마지막 질문을 하겠습니다. "야엘은 왜 이런 행동을 했을까요?" 분명 겐 족속의 남편 헤벨은 하솔 왕 야빈과 평화로운 관계였습니다. 야엘의 이 행동은 그 족속을 대표하는 행동이 아니었습니다. 야엘은 적극적으로 시스라의 탈주를 도와줄 수도 있었고, 소극적으로는 이후에 시스라를 찾아 이 장막까지 온 바락에게 그를 인도할 수 있었습니다. 여인의 몸으로 시스라를 직접 죽이는 것은 위험 부담이 너무 큰 일입니다. 그런데 굳이 이렇게 한 이유가 무엇이냐는 것입니다. 왜 야엘은 시스라의 관자놀이에 말뚝을 박은 것일까요?

이 부분에서 성경은 야엘의 심정이 어떠했는지를 명시적으로 밝히지는 않습니다. 그러나 저는 이 본문을 연구하면서 얻은 추론으로 야엘이 이 선택을 한 이유를 생각해 보았습니다. 야엘의 이야기가 시작되는 11절로 돌아가 봅시다. 거기에는 야엘의 남편, 헤벨에 대한 이야기가 나옵니다. 헤벨이 속한 겐 족속은 모세의 장인(히브리어로 '처남'이라는 뜻도 있습니다) 호밥의 후손입니다. 이들은 함께 가나안으로 가자는 모세의 말에 설득되어 미디안 광야를 떠났고, 이스라엘과 함께 광야에서 40년을 보내며, 이스라엘과 함께하시는 하나님을 목도했습니다. 그들은 여호수아와 함께 가나안 정복 전쟁에 참전했고 유다 지파가 분배받은 땅 가운데 일부를 분배받아 이스라엘 자손처럼 살았습니다. 겐 족속은 거의 완벽하게 이스라엘화된 족속인 것입니다. 그런데 헤벨은 그 조상들이 분배받은 가나안 남쪽 끝 땅을 떠나 북쪽 끝 게데스에서 살고 있는 인물로 소개됩니다. 게다가 헤벨은 이스라엘 백성을 압제하고 있는 하솔 왕 야빈과 특별한 친분까지 맺고 있습니다. 이 두 가지로 유추할 수 있는 것은 헤벨이 '이스라엘이 되기를 거부한 자'라는 것입니다. 더 이상 여호와 하나님의 백성으로 살지 않겠다는 것입니다. 그 결과 하솔 왕 야빈이 가나안 북쪽을 통치하던 지난 20년 동안 헤벨과 그 집은 잘 먹고 잘 살았습니다. 그 헤벨의 아내가 야엘입니다.

야엘은 다볼산 근처 '게데스'에 살았기 때문에 지금 일어나는 일들에 관하여 알고 있었습니다. 이스라엘 백성 가운데 일어난 드보라에 대한 이야기와 그녀의 예언을 알았고, 그리고 바락이 이스라엘 가운데 군대를 소집해서 1만 명이 다볼산에 모였고, 시스라가 온 군대와 병거를 끌고 기손강에 집결했다는 것을 알았습니다. 헤벨의 집안 입장에서 이 전쟁의 결과는 자신들의 삶과 직결되는 것이었습니다. 시스라가 이기면 아무런 문제가 없지만 이스라엘이 이긴다면 이제껏 하솔 왕 야빈과 화친하며 살았던 그들에게도 가혹한 징벌이 있을 것이기 때문입니다. 그런 와중에 전투가 벌어진 것입니다. 그리고 그 상황에서 시스라가 한 명의 부하도 없이, 철 병거가 아닌 홀로 걸어서 자신들의 천막으로 찾아온 것입니다. 야엘은 이스라엘의 승리와 시스라의 완전한 패배를 확신하고 그때 판단한 것입니다. '이렇게 이스라엘의 승리로 전쟁이 끝나고, 이 땅에 하나님 나라가 회복되면, 이스라엘과 여호와 하나님을 배신한 우리 집안은 살아남을 수 없겠구나. 지금이라도 이 전쟁에 참전하지 않으면 우리는 완전히 망하겠구나.'

야엘은 지금 이 상황이 자신과 가정에 주어진 마지막 기회라는 것을 알았습니다. 그리고 적극적으로 이 전쟁에 참전한 것이지요. 적장 시스라를 자신이 직접 죽여서 자신과 자신의 집안이 어느 편인지를 공언한 겁니다. 하나님이 그 집안에 주신 마지막 기회를 놓치지 않았습니다. 야엘은 용기와 지혜로 적극적으로 참전하여 승리의 영광을 거머쥐고, 자신과 가족을 구원한 것입니다.

여러분, 야엘은 하나님이 주시는 기회를 붙잡은 여인입니다. 성경에 나오는 많은 이 가운데 가장 주도적인 인물로 볼 수 있습니다. 그녀는 '헤벨의 아내'로 기억되는 것이 아니라 '시스라를 죽인 영웅, 야엘'로 기억될 것입니다. 그녀의 이야기는 언뜻 보면 산인해 보입니다. 그러나 이 이야기는 잠들어 있는 이스라엘을 깨우는 이야기가 될 것이며, 이스라엘의 대적들을 두렵게 하는 이야기가 될 것입니다. 수많은 남자가 하지 못한 일을 한 여인이 해냈다는 것을 통해 남자들은 부끄러워 할 것입니다. 그녀는 자신에게 기회로 찾아와 주신 하나님의 은혜에 적극적인 순종으로 반응하는 믿음의 사람으로 본이 되었습니다.

기회는 언제나 오는 것이 아닙니다. 순종할 수 있는 기회는 오늘이 마지막일 수 있습니다. 지금 이 순간, 우리에게 찾아와 순종할 수 있는 기회를 주시는 하나님을 붙드시기를 바랍니다. 그리고 그 하나님 편에 서서 하나님과 함께 믿음을 삶으로 증명할 수 있는 귀하고 복된 여러분이 되시기를 축원합니다.

삼손

삼손이 이르되 블레셋 사람과 함께 죽기를 원하노라

부르짖음으로
역전하라

삿 16:21-31

무너진 '하나님의 사람'의 비참함

삼손은 성경에 나오는 모든 인물 중 가장 '확연한 은사'를 가진 자였습니다. 그것은 바로 육체적인 힘이었습니다. 삼손은 블레셋과 여러 번 전투했고, 그중에는 무장한 블레셋 군인 천 명을 나귀 턱뼈로 때려죽이는 전과를 거둔 적도 있습니다. '천 명이 죽었다'는 것은, 그가 싸운 적군의 수가 '천 명보다 훨씬 많았다'를 의미합니다. 삼손의 육체적인 강함이 인간의 범주가 아니었음을 보여 주는 부분입니다. 블레셋은 이 삼손 한 사람 때문에 이스라엘을 20년간 침공하지 못했습니다. 삼손은 살아 있는 전설이었습니다. 그는 꺼져 가는 이스라엘을 지키는 등불이었고, 블레셋 사람들에게는 이름만으로도 두려움을 느끼게 하는 공포의 대상이었습니다.

여기까지만 보면 정말 좋습니다. 그런데 이 삼손이 여인의 유혹에 무너졌습니다. 단단하고 강력한 블레셋 군대는 삼손을 이길 수 없었습니다. 삼손은 훨씬 단단하고 강력했기 때문입니다. 그런 삼손을 무너뜨린 것은 약하고 따뜻하고 부드러운 것이었습니다. '작은 태양'이라는 뜻의 이름을 가지고 있던 삼손은, '밤'이라는 뜻의 이름을 가진 여인 들릴라의 유혹에 무너져 버립니다. 삼손의 머리털이 그 여인에 의해 밀렸습니다. 그러자 힘의 근원인 '하나님의 신'이 삼손을 떠났습니다. 그는 한순간에 평범한 인간이 되어 버렸습니다. 방금 전까지 그는 신이었습니다. 그런데 이제 그는 아무것도 아닙니다. 그는 블레셋에게 붙들렸고, 결박당했으며, 두 눈이 뽑히고, 감옥에 끌려가 갇혔습니다. 그는 거기에서 조그마한 맷돌 앞에 앉아, 그 안에 얼마의 곡식을 넣고 돌리는, 반복적이며 하찮은 일을 하는 신세가 되었습니다.

하나님의 사람에게서 '하나님의 신이 떠난다'는 것은 그 자체로 '비참'입니다. 여러분이 하나님의 사랑을 많이 느꼈다고 생각하신다면, 하나님의 은혜를 경험했다고 말할 수 있다면, 반드시 삼손의 몰락을 기억해야 합니다. 삼손의 몰락은 단지 삼손의 이야기가 아니라 우리의 이야기가 될 수 있기 때문입니다. 예배를 드리는데 하나님의 임재가 느껴지지 않습니다. 기도를 하는데 하나님이 전혀 그 기도를 들으시는 것 같지 않습니다. 말씀을 보는데 깨달아지는 것이 없습니다. 내가 전도한 새신자는 은혜와 감격이 있는데, 막상 내게는 감동이 사라진 것 같습니다. 옆에 있는 믿음의 친구들은 하나님을 만나고 있는데 내게는 그런 만남과 감격이 전혀 없습니다. 바로 이런 것이 내게 일어나는 삼손의 몰락입니다. 아직 이러한 경험을 못해 본 사람이라면 "그게 뭔가요?"라고 물을 수 있습니다. 말로 설명하기 참 어렵습니다. 그러나 여러분, 그것을 한 번 맛본 사람은 '그것'을 다시 경험하지 못할 때 미칠 것 같습니다. '하나님의 임재'는 바로 그런 것입니다.

새 언약의 시대인 지금은 하나님의 영인 성령님이 더 이상 '그리스도를 믿는 믿음 안에 있는 자'를 완전히 떠나시지 않습니다. 그런데 성령님이 떠나시지는 않더라도 거의 없는 것과 같이 느껴질 수 있습니다. 왜 그렇습니까? 가장 큰 원인은, 성령을 소멸하는 죄로 성령님이 위축되시기 때문입니다. 성령님이 한없이 작아지시기 때문입니다. 그럴 때 우리는 어떻게 됩니까? 성령님이 내 안에 계시되, 그 성령님이 거의 내 안에 계시지 않는 것 같은 공허함을 경험하게 됩니다. 저는 여러분이 여기까지 전락하지 않기를 바랍니다.

'몰락한 하나님의 사람'에 대한 세상의 반응

이제 본문 안으로 들어가 보겠습니다. 블레셋은 삼손을 잡은 기념으로 전 국가적인 축제를 준비하고 있습니다. 이스라엘을 식민지로 집어 삼킬 수 없게 한 유일한 이유가 삼손이었는데, 그 삼손을 사로 잡았기 때문입니다. 한 놈만 없어지면 되는데, 지금 그 한 놈이 계략에 걸려 무너진 것입니다. 블레셋이 얼마나 기뻐하는지 그 마음이 잘 표현된 부분이 23절과 24절입니다.

> 블레셋 사람의 방백들이 이르되 우리의 신이 우리 원수 삼손을 우리 손에 넘겨주었다 하고 다 모여 그들의 신 다곤에게 큰 제사를 드리고 즐거워하고 백성들도 삼손을 보았으므로 이르되 우리의 땅을 망쳐 놓고 우리의 많은 사람을 죽인 원수를 우리의 신이 우리 손에 넘겨주었다 하고 자기들의 신을 찬양하며(삿 16:23, 24).

그들은 그저 삼손을 잡았다고 하지 않습니다. 자기들의 지혜로 또는 수고와 힘으로 잡았다고 하지 않습니다. 그들은 그들의 신(다곤)이 삼손을 잡아 자신들에게 넘겨주었다고 고백하며 제사를 드리고 있습니다. 블레셋은 삼손이 그렇게 쉽게 잡힐 것이라고 생각하지 못한 것입니다. 그 노련한 사사 삼손, 지난 20년간 여러 위기를 극복해 낸 삼손이 이렇게 허술하게 잡혀 줄 것이라고는 생각지도 못한 것입니다. 그래서 블레셋은 이렇게 찬양하는 것입니다. "이 모든 것은 다 다곤 신의 은혜입니다"라고 말입니다. 하나님의 백성이 불러야 할 찬양을 지금 블레셋 사람들이 모여서 하나님의 자리에 '다곤'을 넣어 부르고 있는 것입니다.

이 무너진 하나님의 사람 때문에 일어난 결과는, 믿지 않은 세상으로 하여금 즐거워하게 한 것입니다. 그들은 하나님의 사람이 무너질 때마다 통쾌하다고 느낍니다. 하나님을 믿는답시고 여기저기에서 세상을 정죄하던 그리스도인들이 자신 안에 있는 죄성을 이기지 못하고 사회적으로나 도덕적으로 문제를 일으키면, 세상은 득달같이 알고 달려와 그것들을 공론화합니다. 그리고 그것을 가지고 확대 재생산해서 기독교 전체가, 교회 전체가, 성도 전체가 그런 것처럼 호도합니다. 왜 그렇게 합니까? 성도의 망함이 그들의 마음을 몹시 즐겁게 하기 때문입니다.

세상은 성도가 성도의 거룩함을 지키며 살아가는 모습을 볼 때마다 힘들어합니다. 세상은 서로가 서로를 비교하면서 상대적으로 '자기는 좀 낫다'고 생각하며 자신들의 자존감을 지켜 왔습니다. 그런데 성도가 그 세상에 들어가면 어떻게 됩니까? 성도는 세상과 비교할 수 없는 기준을 가지고 하나님 앞에서의 선(善), 하나님 앞에서의 깨끗함을 추구하며 삽니다. 세상의 '그 정도는 괜찮아'가 통하지 않는단 말입니다. 그리스도의 피에 씻긴 우리는 세상에서는 생각해 본 적도 없는 거룩한 삶으로 이 땅을 사는 자들입니다. 진짜 성도의 등장은 항상 세상으로 하여금 짜증나게 하는 일입니다. 자신들의 알량한 깨끗함이 다 드러나 버리기 때문입니다. 자기들끼리 깨끗함을 논하던 것이 얼마나 우스꽝스러운 일인지 스스로 확인하게 되기 때문입니다. 그래서 세상은 그리스도인을 미워하는 것입니다. 그런데 여러분, 그런 세상이 가장 듣고 싶어 하는 소식이 뭘까요? 하나님의 사람의 몰락입니다. 너나 나나 같은 죄인임을 확인하게 되기 때문입니다.

이 무너진 하나님의 사람 때문에 하나님이 우습게 되었습니다. 블레셋은 삼손의 몰락을 삼손 안에 계시던 여호와 하나님의 몰락으로 해석했습니다. 삼손이 잡혔습니다. 삼손이 죄 때문에 그 결과로 눈이 뽑히고 묶여서 맷돌을 돌리고 있습니다. 원인은 다 삼손이 제공한 것들입니다. 삼손의 실수이고, 삼손의 약점이며, 삼손의 죄입니다. 그런데 블레셋은 삼손 개인으로 이 사건을 해석하고 있지 않습니다. 블레셋은 삼손 안에 있는 여호와와 블레셋이 섬기는 다곤이 싸워서 다곤이 이겼고, 그래서 삼손을 자신들에게 넘겨준 것으로 이해하는 것입니다.

예수를 믿는 한 사람 또는 한 단체가 죄를 지었고 그 죄가 세상에 드러났습니다. 그런데 그 사건을 바라보는 세상의 시선은 그 개인이나 특정 단체에서 끝나는 법이 없습니다. 특별히 그가 교회 안에서 어떤 직함으로 불렸다면, 그는 곧 기독교 전체를 대표하는 이름이 되어 하나님의 백성 전체를 욕먹게 하는 데 쓰입니다. 온 세상이 들고 일어나 그가 믿는 하나님까지 싸잡아 욕하는 것입니다.

삼손도 마찬가지입니다. 삼손의 죄요, 삼손의 실수였습니다. 그런데 모든 비난과 욕설은 하나님에게 돌려지고 있습니다. 삼손을 지키는 여호와와 블레셋을 지키는 다곤이 싸웠고, 다곤이 이겨서 삼손을 잡아 왔다는 것입니다. 이로써 이스라엘의 하나님은 무능한 신이 되었습니다. 여러분, 우리가 죄를 지으면, 우리만 욕먹고 침뱉음을 당하고 우리 선에서 책임지는 것으로 끝나는 경우는 없습니다. 반드시 우리를 부르신 분, 우리를 자신의 피로 사신 분까지 올라갑니다. 나 때문에 하나님이 욕과 비난과 무시를 당하시게 되는 것입니다. 삼손의 몰락은 세상에 큰 기쁨이 되었습니다. 동시에 여호와 하나님을 우습게 만들었습니다. 한 개인이 망한 것을 넘어 하나님 이름에 먹칠한 것으로 이어지고 있습니다. 여러분, 저는 지금 이 조국 교회와 이 시대 많은 그리스도인의 삶이 바로 이러한 세상의 반응을 만들어 내고 있지는 않은지 물어보고 싶습니다. 어느 순간, 교회와 성도는 세상의 놀림거리가 되어 버렸습니다.

> 그들의 마음이 즐거울 때에 이르되 삼손을 불러다가 우리를 위하여 재주를 부리게 하자 하고 옥에서 삼손을 불러내매 삼손이 그들을 위하여 재주를 부리니라 그들이 삼손을 두 기둥 사이에 세웠더니 …… 그 집에는 남녀가 가득하니 블레셋 모든 방백들도 거기에 있고 지붕에 있는 남녀도 삼천 명가량이라 다 삼손이 재주 부리는 것을 보더라(삿 16:25, 27).

삼손은 놀림거리가 되어 버렸습니다. 세상은 삼손을 가지고 장난칩니다. 눈먼 삼손에게 온갖 치욕적인 것을 시키는 것입니다. 세상이 이 삼손의 재주를 구경하며 즐거워합니다. 여러분, 세상이 지금 교회와 성도들을 향해 보이는 태도가 딱 이것 아닐까요? "너희가 뭘 할 수 있는데? 어디 한번 우리 앞에서 재롱 좀 부려 봐라!" 삼손을 잡아 놓고 즐거워하며, 자신들의 신에게 감사하며, 삼손을 놀림거리로 삼고 있는 이 모습은 바로 오늘 대한민국에서 신앙생활하는 모든 이를 향한 세상의 태도라고 볼 수 있습니다. 여러분, 우리는 도대체 어떻게 해야 할까요?

소망의 시작 : 머리털이 자라더라

소망이 있을까요? 삼손에게 남은 희망이라는 게 있을 수 있을까요? 삼손은 힘으로 이스라엘을 지키던 사사입니다. 그런데 지금 그 힘이 없습니다. 힘이 없어도 뭔가 보이면 할 수 있는 일이 있을 텐데 지금 두 눈까지 뽑혀 버렸습니다. 그는 지금 다곤 신전으로 끌려 나와 이스라엘의 하나님이 자기로 인해 모욕당하는 것을 들으며, 그 하나님을 모욕하는 수치스러운 재롱을 부리고 있습니다. 비참한 삼손에게는 어디에도 회복의 가능성이 없어 보입니다. 그렇다면 정말 삼손은 이대로 끝난 것일까요? 아닙니다. 모든 것을 잃어버린 삼손에게 남아 있는 무언가가 있습니다. 삼손은 모든 것을 놓아 버렸습니다. 그런데 여전히 삼손을 붙잡고 있는 것이 있습니다. 바로 '하나님의 은혜'입니다.

그의 머리털이 밀린 후에 다시 자라기 시작하니라(삿 16:22).

밀린 머리털은 시간이 지나면 자라게 마련입니다. 수염을 깔끔하게 밀어도 하루 이틀이면 다시 나는 것처럼 머리털도 그렇습니다. 그런데 성경은 너무나도 상식적인 이 이야기, "머리털이 밀린 후에 다시 자라기 시작하니라"를 기록하고 있습니다. 왜 그랬을까요? 머리털이 다시 자란다는 것에 특별한 의미라도 있단 말인가요? 그렇습니다. 이 머리털에는 특별한 의미가 있습니다. 삼손에게 '머리털'은 '하나님의 은혜와 임재'의 상징이기 때문입니다. 그 머리털이 밀렸을 때, 하나님의 영이 삼손을 떠나셨고 삼손의 모든 능력이 사라졌으며 바닥으로 추락했기 때문입니다. 그래서 머리털이 그에게 돌아오고 있는 것은 적어도 그에게는 하나님의 임재의 회복을 의미하는 것입니다.

감옥에 갇힌 삼손은 비참했습니다. 아무것도 보이지 않는 어둠 속에서 자신에게 주어진 맷돌을 돌리고 있었습니다. 한때 그는 신이었습니다. 그래서 더욱 비참했습니다. 삼손이 갇힌 감옥은 블레셋의 관광 명소가 되었을 것입니다. 수많은 블레셋 사람이 와서, 눈이 뽑히고 묶인 채 맷돌을 돌리고 있는 삼손을 구경했습니다. 할 수 있는 모든 말과 행동으로 삼손을 약 올리고 비웃었습니다. 삼손은 아무것도 할 수 없었습니다. 그저 맷돌을 돌릴 뿐이었습니다.

처음에는 "내가 왜 이렇게 되어야 했는가?"라는 질문도 하고, 원망의 마음이 들었을 수도 있습니다. 그런데 시간이 지나면서, 어둠 속에서 맷돌을 갈면서 깨닫게 된 것이 있었습니다. 자기가 당하는 이 고통은 모두 자기 죄 때문이었습니다. 그는 죄가 주는 달콤함을 사랑했습니다. 자신의 힘과 능력을 과신했습니다. 하나님의 사람들과 속도를 조절하며 함께 사는 것을 싫어했습니다. 다 자신의 죄와 잘못된 선택 때문이었습니다.

생각하고 또 생각해 보니, 하나님이 참아도 너무 오래 참아 주셨다는 것을 깨달았습니다. 하나님의 손에 들려 쓰임받을 자격이 없는 자인데 하나님이 용서하시고 또 용서하셔서 그렇게 20년 동안이나 사용해 주신 것입니다.

생각하고 또 생각해 보니, 자신이 얼마나 파렴치한 사람인지를 깨달았습니다. 그 오랜 주님의 기다리심 앞에 한 번도 제대로 반응해 드린 적이 없는 자신을 발견한 것입니다. 온 우주에서 가장 강한 힘을 주셨는데 그 힘을 가지고 기껏, 가사의 기생집에서 놀다가 자신을 잡으러 온 적들을 향해 성 문짝을 뽑아 달려간 것, 들릴라 앞에서 힘자랑한 것, 그런 별 의미 없는 것들에 너무 많은 힘과 능력을 쏟아 부은 것이지요. 하나님이 주신 것에 비해 무엇 하나 돌려드린 것이 없던 자신의 사사로운 삶을 보게 된 것입니다.

삼손은 인생의 밑바닥에서 처음으로 인생을 향한 하나님을 맛보게 됩니다. 자신의 인생 전체가 얼마나 하나님과 멀리 있었는지를 봤습니다. 그 큰 은혜에 제대로 감사하지도, 반응하지도 못한 삶이 생각난 삼손은 안구 없는 눈으로 울기 시작했습니다. 삼손은 흐르는 눈물을 주체할 수 없었습니다. 이제껏 한 번도 울어 본 적 없는 삼손이었습니다. 자기 힘으로 되지 않는 일이 없었습니다. 그런데 그게 다 아무것도 아니었던 것입니다. 삼손은 회개했습니다. 삼손은 보이지 않는 눈으로 하나님을 바라보았습니다.

그러던 어느 날이었습니다. 별 생각 없이 손을 올려 자신의 머리를 만졌습니다. 그런데 머리털이 만져지는 것이었습니다. 물론 이전의 길고 치렁치렁한 아름다운 머리털은 아닙니다. 이제 막 자라기 시작한, 돼지털같이 뻣뻣한 머리털입니다. 그때 삼손이 통곡하기 시작합니다. 왜 통곡했을까요? 하나님이 자기를 완전히 버리지 않았음을, 자라기 시작한 이 머리털로 말씀하고 계셨기 때문입니다. 다시는 자라지 않을 것 같던 머리털이 돌아오고 있습니다. 하나님이 자신을 버리시고 떠나서서 다시는 자기 말을 들어주시지 않을 줄 알았는데, 떠나 버리신 하나님이 다시 자신의 삶에 함께하고 계시다는 것을 그 머리털이 말해 주고 있었기 때문입니다. 모두가 다 버린 것 같았는데, 우리 주님만은 삼손을 버리지 않으셨습니다.

삼손의 마지막 전쟁

그들의 마음이 즐거울 때에 이르되 삼손을 불러다가 우리를 위하여 재주를 부리게 하자 하고 옥에서 삼손을 불러내매 삼손이 그들을 위하여 재주를 부리니라 그들이 삼손을 두 기둥 사이에 세웠더니 삼손이 자기 손을 붙든 소년에게 이르되 나에게 이 집을 버틴 기둥을 찾아 그것을 의지하게 하라 하니라 그 집에는 남녀가 가득하니 블레셋 모든 방백들도 거기에 있고 지붕에 있는 남녀도 삼천 명가량이라 다 삼손이 재주 부리는 것을 보더라(삿 16:25-27).

이제 삼손 이야기의 마지막입니다. 블레셋 사람들은 다곤 신을 위한 제사에서 삼손을 보여 달라고 요구합니다. 삼손은 끌려 나왔습니다. 고대 사회에서는 축제의 절정에서 전쟁 포로를 죽이는 일이 흔했습니다. 삼손이 다곤 신전에 서게 된 것도 이런 이유일 수 있습니다. 블레셋 사람들은 하나님의 사람, 삼손의 비참한 모습을 보고 싶어 했고 모두가 볼 수 있는 곳에 삼손을 세웠습니다.

그때 삼손은 앞 못 보는 자신을 인도하고 있는 소년에게 "나를 이 신전의 천장을 받치고 있는 주 기둥으로 인도해 달라"고 요청합니다. 삼손은 끌려 나오면서 순간적으로 이런 생각을 했던 것일까요? 아닙니다. 오랫동안 생각해 오던 것입니다. 그는 지난 20년 동안 이스라엘의 사사로 블레셋과 싸운 사람입니다. 블레셋이 자신을 잡으면 어떻게 할 것인지, 그리고 그들이 모이게 될 다곤 신전이 어떤 양식으로 만들어져 있는지를 아는 사람이란 말입니다. 그는 감옥 안에서 이런 날이 올 것을 정확하게 알고 있습니다. 그리고 앞이 보이지 않는 자신이 할 수 있는 전투의 방법을 생각했습니다. 그것은 다곤 신전의 천장을 받치고 있는 기둥을 무너뜨려 신전 지붕을 내려앉게 하는 것이었습니다.

삼손은 기둥까지 인도받았습니다. 아직 그에게 힘이 돌아온 것은 아니었습니다. 그저 얼마 전부터 자라기 시작한 머리털, 그리고 그 머리털이 의미하는 '하나님의 임재'를 신뢰했습니다. 사사기 기자는 27절에 불필요해 보이는 숫자를 기록합니다. 지붕에 앉아서 이 장면을 바라보던 블레셋 사람의 수가 삼천 명이라는 내용입니다. 사사기를 기록하시는 성령님은 굳이 지붕 위에 삼천 명이 앉아 있다고 말씀하십니다. 이 지붕은 원래 사람이 앉을 수 있도록 설계된 것이 아닙니다. 그런데 지금 삼손의 최후를 보겠다며 블레셋 사람들이 쏟아져 들어와 원래 사람이 앉지 않는 지붕에 삼천 명의 사람이 올라가 있는 것입니다. 다곤 신전은 지금 위태하리만큼 많은 사람으로 가득 차 있습니다.

지금 하나님과 삼손 사이에 뭔가가 진행되고 있습니다. 삼손은 지붕을 받치고 있는 기둥으로 자신을 보내 달라고 했습니다. 그런데 그 기둥이 받치고 있는 지붕은 이미 법적으로 문제가 될 만큼 과적된 상황이란 말입니다. 이걸 우연이라고 할 수 있을까요? 지금 하나님도 삼손과 함께 움직이시는 것입니다. 이제껏 혼자서 모든 것을 결정하던 삼손이 이제는 하나님과 함께 계획을 진행하고 있는 것입니다. 이제 삼손은 지붕을 받치는 기둥 사이에 섰습니다. 지붕 위에는 삼천 명의 사람이 개미처럼 올라가 삼손의 재롱을 구경하고 있었습니다. 삼손은 거기에서 숨을 몰아쉽니다. 그리고 보이지 않는 눈으로 하늘을 바라보았습니다.

> 삼손이 여호와께 부르짖어 이르되 주 여호와여 구하옵나니 나를 생각하옵소서 하나님이여 구하옵나니 이번만 나를 강하게 하사 나의 두 눈을 뺀 블레셋 사람에게 원수를 단번에 갚게 하옵소서 하고(삿 16:28).

"나의 두 눈을 뺀"이라는 표현이 중요합니다. 이것은 혹자가 말하는 삼손의 개인적인 원수를 의미하는 표현이 아닙니다. 신학 대학원에서 제게 구약을 가르쳐 주신 김의원 교수님은 이 부분이 아람어 관용어라고 가르쳐 주셨습니다. 본문을 직역하면 "나의 두 눈의 원수인"입니다. 교수님 말씀에 따르면 이 "두 눈의 원수"라는 표현은 삼손의 두 눈을 뽑았다는 구체적인 사건에서 나온 것이 아니라, 당시 아람어를 사용하는 사람들이 관용적으로 사용하던 표현이었습니다. 즉 '철천지원수'를 의미하는 표현이라는 것입니다. 블레셋은 하나님 나라의 철천지원수입니다. 여호수아 때 시작된 이 전쟁은 다윗 시대까지 400여 년간 이어집니다. 지금 하나님을 향해 비아냥거리고 있는 블레셋은 하나님과 하나님 나라의 철천지원수, 눈을 뜨고 보고 싶지 않은 원수입니다. 바로 이런 의미가 담겨 있습니다. 삼손은 지금 하나님을 향해 부르짖으며 "마지막으로 사명을 위한 전투하기를 원하니 내게 싸울 힘을 달라"고 기도한 것입니다. "하나님! 구하오니 나를 생각하옵소서. 하나님, 구하오니 이번 한 번만 나로 강하게 해주십시오. 하나님! 이번 한 번만 나로 강하게 하사 저 하나님 나라의 철천지원수들, 당신의 이름으로 모독하고 당신의 백성을 죽이며 미혹하는 저 블레셋을 공격하게 하소서!"

다시 한 번 부르짖어 볼까요? "하나님, 날 좀 봐 주십시오. 머리털과 눈이 뽑힌, 한때 하나님의 사람, 나실인이던, 당신의 사사였던 날 좀 보십시오. 그렇습니다! 하나님, 제가 그 어떤 것도 요구할 자격이 없다는 것을 압니다. 제가 다 망쳤습니다. 저 때문에 당신이 수치를 당하고 있습니다. 그러나 하나님, 제발 이번 한 번만 나를 강하게 해주십시오. 제발 이번 한 번만 나로 강하게 하사, 내게 맡기신 사명, 나의 마지막 전투를 감당하게 하옵소서. 나의 생명을 드리오니, 지금 여기 이곳에 임하여 주옵소서!" 삼손은 여호와 하나님의 얼굴을 향해 이렇게 부르짖은 것입니다.

소망은 어디에

제가 전도사 3년차, 신대원 1학년 때 일입니다. 그 당시 저는 작은 교회를 열심히 섬겼습니다. 그런데 3년차를 마무리하는 것이 너무나 힘들었습니다. 하고 있던 사역에 열매가 없었습니다. 몇 명 되지 않는 청년들인데도 제가 잘 돌볼 수가 없었습니다. 교회 전체가 침몰하고 있었고, 그 안에서 제가 할 수 있는 게 거의 없었습니다. 청년부 안에서 다툼이 일어나고, 혼전 성관계 때문에 결국 낙태하는 사건도 일어났습니다. 제 마음은 초토화되었습니다. 저보다 나은 분이 오셨다면 사역을 더 잘하셨을 것이라는 생각도 들었습니다. 도무지 사역을 지속할 수가 없었습니다. 내가 뭘 해야 하는지 알 수가 없었습니다. 다 포기하고 싶어졌습니다. 그냥 평범하게 다시 살고 싶다는 생각까지 들었습니다. 그래도 매주 설교해야 했습니다. 매주 영혼들을 만나야 했습니다. 날마다 힘들었습니다. 영혼들을 섬기는 것도, 말씀을 준비하는 것도 힘들었습니다. 다 그만두고 도망가고 싶었습니다. 그때 연구하던 성경 본문이 바로 이 삼손 본문이었습니다. 그래서 그 시절, 제가 날마다 드리던 기도, 매주 토요일에 주일을 준비하며 드리던 기도가 바로 이것입니다. "하나님, 오늘 하루만, 이번 한 번만 나를 불쌍히 여기사 저를 당신의 능력의 통로로 써 주세요!"

하나님이 그 기도를 들으시고 그때 저로 하여금 그 자리에 있게 하셨습니다. 그리고 오늘도 제가 이곳에 서 있게 하셨습니다. 그런데 저는 지금도 자주 하나님에게 같은 기도를 드립니다. "하나님, 오늘 하루만, 제발 이번 한 번만 제게 힘을 주사, 제가 오늘 감당해야 할 이 사명과 영혼들을 감당하게 하옵소서"라고 말입니다. 여러분, 삼손 시대에 그 많은 이스라엘 백성 중 단 한 명도 부르짖는 자가 없었습니다. 아무도 부르짖지 않았습니다. 사사가 잡혀간 상황 속에서 이스라엘은 울지 않습니다. 그런데 그 속에서 아주 많이 부족하고 인간적인 결함이 많았던 한 사람, 그래도 그 속에 있었던 한 사람, 삼손이 부르짖었습니다. 그리고 하나님이 그 비장한 부르짖음에 반응하셨습니다.

> 삼손이 집을 버틴 두 기둥 가운데 하나는 왼손으로 하나는 오른손으로 껴 의지하고 삼손이 이르되 블레셋 사람과 함께 죽기를 원하노라 하고 힘을 다하여 몸을 굽히매 그 집이 곧 무너져 그 안에 있는 모든 방백들과 온 백성에게 덮이니 삼손이 죽을 때에 죽인 자가 살았을 때에 죽인 자보다 더욱 많았더라(삿 16:29, 30).

삼손이 했던 비장한 부르짖음으로 이 시대를 향해 나아가는 여러분이 되시기를, 주님이 그 부르짖는 자와 함께하심으로 위대한 역사를 만들어 가시기를 축원합니다.

한나

한나가 마음이 괴로워서
여호와께 기도하고 통곡하며

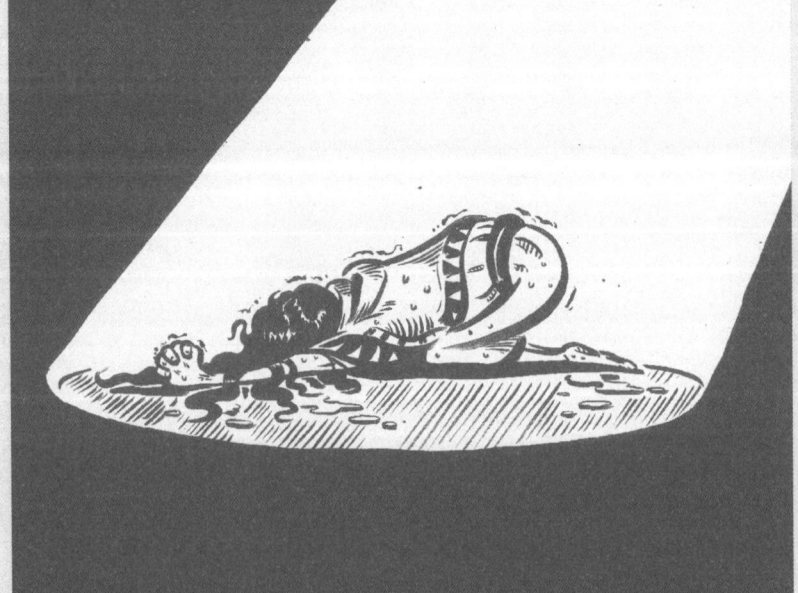

기도로 하나님과
마음을 나누라

삼상 1:2-20

가장 깊은 어둠 가운데서

한나가 살던 시대는 어떤 시대였을까요? 사사 시대의 끝자락이었습니다. 결론부터 말하면 이스라엘이 '가장 깊은 어둠 가운데 놓여 있던 때'였습니다. 이 시기는 이스라엘이 영적으로, 도덕적으로, 영토적으로 완전히 망가져 버린 때입니다. 사무엘상 4장에는 이스라엘이 블레셋과 아벡에서 벌이는 전쟁이 나옵니다. 학자들은 이 전쟁이 당시 눈이 뽑힌 사사 삼손이 다곤 신전을 무너뜨리면서 입힌 피해에 대한 보복 전쟁이었다고 말합니다. 그 전제를 받아들인다면 한나가 사무엘을 낳고 사무엘이 자란 이 시기는 삼손이 사사였던 시대입니다.

이 시기에 있던 사건으로 사사기 17-18장에 나오는 미가 이야기가 있습니다. 또 19-21장에 나오는 레위인의 첩 이야기가 있습니다. 이스라엘이 종교적으로 얼마나 부패했는지에 대한 이야기들입니다. 영적인 타락의 시대였습니다. 이스라엘의 영적인 타락은 영적인 것에서 끝나지 않습니다. 반드시 도덕적 타락으로 이어졌습니다. 이스라엘은 가나안의 썩은 정신에 깊이 물들어 있었습니다. 도무지 하나님의 백성이라고 생각할 수 없을 만한 범죄가 끊임없이 일어났습니다. 영토적으로도 여호수아 시대에 차지한 땅의 대부분을 잃어버린 상황입니다. 르우벤은 거의 소멸되었고, 단도 자신의 땅을 포기했습니다. 이스라엘은 중부 산악 지역을 겨우 차지한 약소국이 되었습니다. 이런 상황에서 삼손 이후, 한나가 기도를 하는지 술에 취해 주정을 하는지조차 구분하지 못하는 제사장 엘리가 사사가 되어 나라를 다스리고 있었습니다. 이것이 사사 시대 끝자락의 모습입니다. 소망이 없었습니다.

한나가 살던 시대는 미래가 전혀 보이지 않는 상황이었습니다. 총체적으로 망가진 상황, 도무지 회복의 기미가 보이지 않던 시대였지요. 이런 상황에서 엘리는 블레셋과의 전쟁에 하나님의 임재를 상징하는 법궤를 들고 갔다가 빼앗기기까지 합니다. 하나님의 영광이 이스라엘을 떠난 것입니다. 하나님의 임재가 떠난 이스라엘, 이것은 성립되지 않습니다. 하나님이 빠진 이스라엘 백성이 어떻게 자신보다 가나안 거민이 훨씬 많은 땅에서 살 수 있을까요? 이스라엘은 끝났습니다.

그런데 한나가 살던 사사기 시대의 이스라엘과 오늘날 이 땅의 교회 모습은 많이 닮아 있는 것 같습니다. 어떤 특정 교회를 향해 하는 말이 아닙니다. 전반적인 흐름에 대한 것입니다. 영적으로 몹시 혼미한 상황입니다. 이단도 판을 치지만 전통 안에 들어와 있는 거짓된 가르침이 너무나도 많습니다. 도덕적으로 교회와 성도가 세상보다 나은 모습을 보여 주지 못하고 있습니다. 영토적으로 교회의 수는 점점 줄어들고 있습니다. 특별히 젊은 세대와 어린 세대들이 교회를 떠나고 있습니다. 그리고 이것들을 뒤집을 만한 뚜렷한 무엇이 보이지 않는 상황입니다. 사사 시대 마지막의 막막함과 유사한 막막함이 오늘날 이 땅의 교회에서도 찾아볼 수 있습니다.

마음이 슬픈 여인 : 슬픔의 이유

이런 사사기의 배경 속에서 우리는 한나를 만나게 됩니다. 한나는 불행한 여인, 그녀의 표현을 그대로 사용하면 '마음이 슬픈 여자'입니다.

한나는 레위지파 남자 엘가나와 결혼했습니다. 당시 중혼이 가능했기 때문에 엘가나는 브닌나라는 아내도 얻었고 브닌나를 통해 자식이 태어났습니다. 그런데 이 상황에서 한나에게는 자식이 생기지 않았습니다. 엘가나는 독실한 사람이었고 자식을 낳지 못한 한나를 여러 가지로 배려하는 사람이었습니다. 문제는 엘가나의 다른 아내인 브닌나였습니다.

> 엘가나가 제사를 드리는 날에는 제물의 분깃을 그의 아내 브닌나와 그의 모든 자녀에게 주고 한나에게는 갑절을 주니 이는 그를 사랑함이라 그러나 여호와께서 그에게 임신하지 못하게 하시니 여호와께서 그에게 임신하지 못하게 하시므로 그의 적수인 브닌나가 그를 심히 격분하게 하여 괴롭게 하더라 매년 한나가 여호와의 집에 올라갈 때마다 남편이 그같이 하매 브닌나가 그를 격분시키므로 그가 울고 먹지 아니하니(삼상 1:4-7).

이미 자식을 낳은 다른 아내 브닌나가 한나를 심히 격분하게 하여 괴롭게 했던 것입니다. 이유는 7절에 나오듯 "남편이 그같이 [했기]" 때문입니다. 엘가나는 한나를 사랑했고, 그래서 무언가를 줄 때 다른 아내 브닌나보다 갑절을 챙겨 준 것 같습니다. 매년 제사를 드리는 때에 그가 아이를 낳지 못한 아내를 위해 한 선물이 문제가 되어 브닌나의 마음에 시기를 일으켰습니다. 브닌나는 한나로 하여금 다양한 방식으로 화나게 만들었습니다. 이 일이 반복되었고, 한나는 이 시기에 경험하는 고통 때문에 울고 먹지 않는 상황까지 이르렀습니다.

고대 사회에서 대를 이을 아들을 낳지 못하는 여인의 지위는 낮을 수밖에 없습니다. 노동력이 귀한 시대에 아들은 한 집안의 가장 강력한 힘이었습니다. 가부장 사회 안에서 대를 이을 아들이 있다는 것과 없다는 것은 천양지차입니다. 그런데 한나는 자식이 한 명도 없었습니다. 그 가운데 다른 아내 브닌나는 여러 자식을 두었습니다. 남편은 한나를 사랑한다고 말도 하고 돈도 가져다주었습니다. 그러나 그것을 아는 브닌나가 끊임없이 한나를 다양한 방식으로 마음 상하게 했습니다. 한나에게는 도무지 소망이 보이지 않았습니다.

한나의 불임 이야기는 단순하게 한 가정과 한 여인에게 일어난 슬픈 이야기가 아닙니다. 이 개인의 이야기는 사사 시대의 끝자락이 어떠했는지를 보여 주는 이야기입니다. 성경은 한나의 불임과 하나님 나라 이스라엘의 비참을 하나로 묶습니다. 둘 다 생명을 잉태할 힘이 없습니다. 인간적으로 봤을 때 이 상황을 뒤집는 것은 불가능해 보입니다. 과연 한나도, 이스라엘도 이 불임 상황에서 회복할 수 있는 길이 있을까요?

한나의 선택 : 기도

한나는 울고 먹지 않던 자리에서 '일어나기'를 선택합니다. 그녀는 당시 여호와의 언약궤가 있던 실로에 있는 성막으로 나아갔고 거기서 기도했습니다. 그녀가 한 행동은 세 가지로 구분해 볼 수 있습니다.

그들이 실로에서 먹고 마신 후에 한나가 일어나니 그때에 제사장 엘리는 여호와의 전 문설주 곁 의자에 앉아 있었더라 한나가 마음이 괴로워서 여호와께 기도하고 통곡하며 서원하여 이르되 만군의 여호와여 만일 주의 여종의 고통을 돌보시고 나를 기억하사 주의 여종을 잊지 아니하시고 주의 여종에게 아들을 주시면 내가 그의 평생에 그를 여호와께 드리고 삭도를 그의 머리에 대지 아니하겠나이다(삼상 1:9-11).

첫째, 한나는 울고 먹지 않던 자리에서 일어나 실로의 성막을 향해 나아갔습니다. 그녀는 이 문제의 해결책이 어디에 있는지 알았던 것입니다. 그리고 이 문제를 해결할 수 있는 분을 향해 발걸음을 옮겼습니다. 자신의 불임 문제는 브닌나 때문이 아닙니다. 남편 엘가나 탓도 아닙니다. 이 모든 일의 배후에는 '여호와'가 있었습니다. 이 문제가 해결되려면, 여호와께서 마음을 바꾸셔야 하는 것입니다. 한나는 문제의 원인이 되시는 여호와 하나님, 이 문제의 해결이 되시는 여호와 하나님을 향해 나아가는 것을 선택했습니다.

문제의 자리에 앉아 운다고 문제가 해결되지 않습니다. 밥을 안 먹으면 안 먹은 만큼 손해입니다. 눈앞에 있는 사람을 붙들고 화를 내 봐야 화만 더 납니다. 누군가를 붙들고 하소연해 봐야 그 사람은 내 마음을 공감하지 못합니다. 문제의 원인이며 또 그 문제를 해결하실 수 있는 분에게 가야 합니다. 화를 내도 그분 앞에서 내야 하고 울어도 그분 앞에서 울어야 하는 것이시요. 그때 그분 앞에서 문제가 해결되기 시작합니다.

둘째, 한나는 여호와께 기도하고 통곡했습니다. 이전에 그녀는 그냥 울었습니다. 그냥 격노했습니다. 그냥 굶었습니다. 그런데 지금 그녀는 여호와께 기도하고, 여호와를 붙들고 통곡하고 있습니다. 하나님에게 자신의 마음을 토로하고 간구를 올려 드리는 모습입니다. 한나는 하나님을 붙들고 기도하기를 선택한 것입니다.

여러분, 기도가 문제를 해결할까요? 우리가 기도한다고 하나님이 우리 기도를 들으실까요? 우리는 늘 의심이 많습니다. '하나님이 우리가 달라고 하는 것을 다 주시는 분인가'를 묻는다면, 저는 "그렇지 않다"고 대답할 것입니다. 우리가 구하는 것을 하나님이 그렇게 다 주시면 세상은 아주 빨리 망가져 버릴 것이고, 그렇게 기도를 들어주시면 우리가 가장 먼저 망가질 것이기 때문입니다. 질문을 바꿔서 '하나님이 우리의 모든 기도를 들으시는 분인가'를 묻는다면, 저는 "다 들으십니다"라고 답해 드릴 수 있습니다. 왜 그렇습니까? 그분은 자녀들의 기도를 듣겠다고 약속하셨기 때문입니다. 하나님은 성도의 기도를 들으십니다. 그러니 우리는 우리의 문제를 가지고 기도하기를 선택하는 것입니다. 주께서 들으시고 그분의 선하심으로 분명 일하실 것이기 때문입니다.

셋째, 한나는 여호와께 서원하고 있습니다. 서원의 내용은 "아들을 주시면 내가 그의 평생에 그를 여호와께 드리고 삭도를 그의 머리에 대지 아니하겠[습니다]"입니다. 하나님이 한나에게 아들을 주시면, 그 아들을 나실인으로, 평생 하나님을 섬기는 일을 하도록 키우겠다는 서원이지요. 한나는 적극적으로 하나님에게 나아가고 있습니다. 밥을 먹지 않고 울며 떼쓰는 모습이 아니라, "하나님이 주시면 나는 이렇게 하겠습니다"라는 태도로 바뀌었습니다. 기도하는 동안 한나의 마음이 강해졌고, 적극적이 되었습니다. 그리고 그 적극성을 가지고 하나님에게 요구하고 있습니다.

그러나 우리는 잘못된 서원의 경우를 많이 접하기도 합니다. 제가 중학교 때 교회 집사님과 권사님들을 따라 기도원에 갔는데, 말씀을 전하시는 목사님이 "지금 이 기도원 앞에 천막을 세워야 하니 천막 살 돈을 헌금할 사람은 손을 드세요"라고 말씀하셨습니다. 천막 하나가 50만 원인데, 50만 원을 헌금하면 그 천막에 이름도 새겨 줄 것이고, 그 천막에서 기도하는 사람들이 기도할 때마다 천막을 헌물한 사람의 이름을 보고 기도할 테니 분명 복을 받을 것이라고 했습니다. 순간 제 마음이 뜨거워져서 손을 들었습니다. 그때 제 옆에 계신 집사님이 번개처럼 제 팔을 붙들어 내리셨습니다. 집회 때마다 천막 이야기를 했고, 매번 자원하는 사람들이 있는데, 몇 년째 새로 생긴 천막이 없으니 안 해도 된다는 것이었습니다. 얼마나 다행인지 모릅니다. 그때 만약 제가 손을 내리지 않았다면 어떤 일이 생겼을지, 지금도 그 생각을 하면 가슴이 서늘해집니다. 서원이 무엇을 의미하는지, 서원을 어떤 마음으로 해야 하는지는 더욱 깊이 생각해 보아야 합니다.

여러분, 한나는 기도하는 가운데 확신이 생겼습니다. 그리고 그렇게 하나님이 자신에게 주신다면, 그 주시는 것을 하나님을 위해 어떻게 쓸지를 말씀드렸습니다. 하나님이 자신에게 주실 것에 대한 반응을 약속드린 것이지요. 그만큼이나 적극적으로 하나님이 자신의 기도에 응답하시기를 원하는 마음을 서원을 통해 표현한 것입니다. 기도는 수동적인 것이 아닙니다. 기도는 적극적인 것이고, 어쩌면 그 어떤 것보다 가장 적극적인 것일 수 있습니다. 하나님을 움직이는 것이고, 하나님이 움직이시기 시작하면 그 어떤 것도 움직이지 않을 수 없는 까닭입니다. 여러분도 하나님에게 적극적으로 나아가시기 바랍니다. 하나님이 주실 것을 확신하며 그 주실 것을 어떻게 나눌지 정하시기 바랍니다. 우리 주님이 그 기도에 응답하실 것입니다.

한나가 드린 서원의 특별함

그런데 한나의 서원은 일반적이지 않습니다. 하나님에게 받은 것 전부를 올려 드리고 있기 때문입니다. 이게 무슨 말이냐고요? 우리는 대부분 이렇게 서원합니다. "하나님, 제 사업이 잘되어 수입이 10억을 달성하면, 그때 5억은 하나님에게 드리겠습니다." "하나님 제게 있는 이 병이 나으면 건강한 몸으로 교회를 섬기겠습니다." 하나님이 주신 것 중 일부를 하나님에게 돌려드리겠다는 약속입니다. 그런데 한나는 자기가 받은 전부를 하나님에게 올려 드리고 있습니다.

한나는 하나님이 아들을 주시면, 그 아들의 평생을 하나님에게 드리고, 그 머리에 삭도를 대지 않겠다고 서원했습니다. 그리고 실제 아들이 태어난 후에 젖을 뗄 때까지 자신이 돌보다가 그후에는 실로에 있는 성막에서 여호와를 섬기는 일을 하게 합니다. 정말 어렵게 얻은 아들입니다. 그런데 이 아들에게서 아무것도 돌려 받지 못한 채 아들을 온전히 하나님에게 드린 것이지요. 이것이 한나가 한 서원의 특별함입니다. 실로의 성막 앞에서 한나는 하나님에게 올라갔고, 울었고, 기도했고, 서원했습니다. 그리고 그녀는 그 기도하는 자리에서 오랫동안 머물렀습니다.

> 그가 여호와 앞에 오래 기도하는 동안에 엘리가 그의 입을 주목한즉 한나가 속으로 말하매 입술만 움직이고 음성은 들리지 아니하므로 엘리는 그가 취한 줄로 생각한지라 엘리가 그에게 이르되 네가 언제까지 취하여 있겠느냐 포도주를 끊으라 하니(삼상 1:12-14).

한나는 여호와 앞에 오래 기도하며 머물렀습니다. 어느 순간 한나의 기도는 더 깊어졌고 더 이상 소리가 나오지 않는 기도를 드렸습니다. 입술은 움직이나 소리는 들리지 않았습니다. 그것을 본 제사장 엘리의 반응이 충격적입니다. 기도하는 한나를 보고 술에 취한 줄 알았습니다. 그래서 이렇게 말합니다. "네가 언제까지 취하여 있겠느냐 포도주를 끊으라." 여러분, 이스라엘 전체를 이끌던 사사, 제사장 엘리가 기도하는 여인을 자신의 눈앞에서 보면서도 기도하는지, 술에 취해 주정하고 있는지를 구분하지 못했습니다. 철저하게 영적으로 눈이 멀어 있는 상태였다는 것이지요. 그 말을 들은 한나의 심정은 어땠을까요? 한나의 대답입니다.

> 한나가 대답하여 이르되 내 주여 그렇지 아니하니이다 나는 마음이 슬픈 여자라 포도주나 독주를 마신 것이 아니요 여호와 앞에 내 심정을 통한 것뿐이오니 당신의 여종을 악한 여자로 여기지 마옵소서 내가 지금까지 말한 것은 나의 원통함과 격분됨이 많기 때문이니이다 하는지라(삼상 1:15, 16).

한나는 술 취한 게 아니라고 말합니다. 자신이 이렇게나 오래 기도한 것은 자신 안에 원통함과 격분됨이 많기 때문이라고 말합니다. 자신은 너무 슬픈 여자여서 이 슬픈 마음을 하나님과 나누는 데 시간이 필요했다고 말합니다. 15절 후반부가 중요합니다. "여호와 앞에 내 심정을 통한 것뿐이오니." 여기에서 '내 심정'은 히브리어로 '생명'을 의미하는 '네페쉬'(נפשׁ)이고, '통한 것뿐'은 히브리어로 '쏟아붓다'를 의미하는 '솨파크'(שׁפך)입니다. 하나님에게 자기 생명을 쏟아붓는 중이었다고 말하는 것이지요. 모든 것을 쏟아 부어 하나님에게 나아간 기도의 모습입니다.

한나가 기도하며 들은 것

한나는 자신이 받은 것 전부를 하나님에게 드리겠다고 서원했습니다. 자기에게 남는 게 없습니다. 아니, 손해입니다. 아들을 잉태하고 낳고 키워서 하나님에게 드리는 것입니다. 온통 손해 보는 일을 하겠다고 자원했습니다. 아들을 통해 얻을 이익을 전혀 고려하지 않은 서원입니다. 왜 이런 선택을 한 것일까요? 하나님에게 생명을 쏟아붓는 기도를 하는 동안 하나님의 마음을 알았기 때문입니다. 그녀는 왜 그토록 오랜 시간 하나님 앞에 머문 것일까요? 왜 그녀의 기도가 어느 순간부터 소리 내지 않는 기도가 된 것일까요? 이것은 하나님이 한나에게 마음을 토로하셨기 때문입니다.

하나님이 이 기도 가운데 한나와 대화하셨습니다. 하나님이 일방적으로 듣고만 계시는 것이 아니라, 자신의 마음을 드러내시고 말씀하시는 것도 기도 가운데 일어납니다. 한나가 하나님 앞에 있을 때, 하나님도 한나에게 말씀하신 것입니다. 뭐라고 말씀하셨을까요? "너의 불임의 고통과 같은 고통이 나에게도 있다"는 말씀입니다. 이 시기에 이스라엘은 생명을 낳지 못하고 있었습니다. 제사장이라는 자가 성도가 기도하는 건지 술에 취한 건지 구별하지 못했습니다. 하나님이 엄청난 능력을 주었던 삼손은 그 힘으로 주색잡기에 빠졌습니다. 이스라엘이 영적으로, 도덕적으로, 영토적으로 완전히 망가져 부서지고 있었습니다. 그런데 그런 상황을 뒤집을 만한 생명이 태어나고 준비되지 않습니다. 하나님의 백성을 낳아야 하는 이스라엘이 지금 불임인 것입니다.

한나가 기도를 시작했을 때 그녀의 기도는 '자기의 아들 하나를 달라'는 것이었습니다. 그것만 있으면 모든 게 다 잘될 것 같다는 생각이었지요. 엘가나와 더 잘 지내고, 브닌나에게 무시당하며 살지 않을 수 있다는 생각이 들었을 것입니다. 그래서 용기를 내어 하나님에게 나아갔습니다. 그리고 정말 힘을 내서 하나님에게 자신의 생명을 쏟아 놓는 기도를 했습니다. 그리고 그 기도 가운데 하나님을 만났습니다. 처음에는 울며 하나님에게 떼를 썼습니다. 그런데 기도하는 중에 하나님이 울고 계시는 것을 느꼈습니다. 이스라엘의 불임, 하나님 나라의 불임으로 인해 고통스러워하시는 하나님을 보았습니다. 자신보다 더 슬프게 이스라엘의 불임으로 인하여 아파하셨습니다. 하나님에게 생명을 쏟아 기도하던 한나에게 하나님도 생명을 쏟아 하나님의 상한 마음을 보여 주셨습니다. 그때 한나가 결단한 것입니다.

"하나님, 생명을 낳지 못하는 이스라엘, 제가 그 이스라엘의 아들을 낳겠습니다. 하나님, 제게 아들을 주시면, 제가 그 아들을 당신을 위한 '이스라엘의 아들'로 키우겠습니다. 당신의 슬픔을 그치게 할 수 있는 바로 그 사람으로 제가 그를 낳고 키우겠습니다. 그러니 이제 그만 슬퍼하시고 저를 통해 하나님 나라를 이어갈 아들을 낳게 하소서."

나를 위한 아들이 아니라 하나님 나라를 위한 아들, 여호와 하나님의 탄식을 그치게 할 아들을 낳아 드리겠다고, 한나는 그렇게 기도한 것입니다.

하나님의 회복의 역사는 어디에서 시작되는가

사사기의 마지막 시대는 엉망진창이었습니다. 모든 게 망가져서 도무지 살아날 가망이 보이지 않았습니다. 하나님이 강력한 능력을 부어 주신 삼손이 있었는데도 달라지지 않는 상황이었습니다. 종교 지도자들인 레위인이 타락했습니다. 자신의 집에 신상을 세우는 이가 나타났고, 하나님이 맡기신 땅에서 벗어나 한 지파가 통째로 이주해 버렸습니다. 심지어 이스라엘 열한 지파가 한 지파 베냐민을 쳐서 거의 몰살시키는 동족상잔까지 일어났습니다. 완전히 망했습니다. 도무지 소망이 없습니다. 어느 곳 하나 성한 곳이 없습니다. 도무지 기댈 곳이 없습니다. 끝난 것 같았습니다.

그런데 여러분, 여기에 기도하는, 불임인 한 여인이 있었습니다. 대단한 여인이 아닙니다. 여느 사람처럼 시샘하고 분노하고 울고 떼를 쓰는 여인입니다. 그런데 이 여인이 어느 날 그 울던 자리에서 일어났습니다. 그리고 기도의 자리로 나아왔습니다. 하나님에게 자신의 생명을 쏟으며 기도했습니다. 거기서 하나님의 상하고 깨어진 마음을 알았습니다. 자원하여 그 하나님의 깨어진 마음을 위로하며 하나님이 원하시는 이스라엘을 위한 아들을 낳기로 결단했습니다. 내 것이 아닙니다. 그분의 것입니다. 나를 위한 것이 아닙니다. 그분을 위한 것입니다.

> 한나가 임신하고 때가 이르매 아들을 낳아 사무엘이라 이름하였으니 이는 내가 여호와께 그를 구하였다 함이더라(삼상 1:20).

이후 한나에게 생명이 잉태되었습니다. 그리고 한 아기가 태어났습니다. 하나님에게 구한 바로 그 아기, 그래서 아기의 이름을 '사무엘'(하나님에게 구하였다)로 지었습니다. 이후 이 사무엘을 통해 하나님이 다시 이스라엘 가운데 말씀하셨고, 하나님이 생각하시는 왕이 통치하는 나라가 시작되었습니다. 사무엘을 통해, 그리고 그 사무엘을 낳은 한나를 통해 소망 없던 이스라엘이 다시 살아나게 된 것입니다.

오늘날 이 시대가 어쩌면 사사기 마지막 시대와 같은지도 모르겠습니다. 교회가 힘을 잃어 가고, 성도가 약해지고 있습니다. 단지 성도 수가 줄어드는 것을 넘어 이 시대를 향해 무언가를 말하는 것이 어려워지는 때입니다. 교회는 젊은 세대와 어린 세대를 잃어 가고 있습니다. 선교와 전도를 하기가 어려운 시대가 열렸습니다. 영적으로, 도덕적으로, 현실적으로 점점 약해져 가는 교회와 성도의 상황을 보며 막막함을 느낍니다. 그렇습니다. 이 땅의 교회가 불임 상태에 놓여 있습니다. 이 시대 한국 교회가 전체적으로 불임을 경험하고 있습니다. 과연 답이 있을까요? 물론 있습니다. 하나님의 마음을 공감하며 하나님이 아파하시는 이 시대와 교회의 불임을 해결하기 위해 생명을 달라고 기도하는 사람들이 나타난다면 말입니다.

여러분, 한나가 기도하는 이 장면을 묵상하는 가운데 떠오른 장면이 하나 있습니다. 아빠가 울고 있는 서너 살 된 딸을 두 팔로 안아 주는 장면입니다. 딸의 울음을 그치게 하려고 아빠는 딸을 안아 줍니다. 그런데 사실 아빠에게는 딸이 겪은 일보다 훨씬 힘든 일이 있습니다. 아빠의 품에 안겨 있던 딸이, 아빠에게서 이전에 경험한 적 없는 슬픔을 느꼈습니다. 딸은 자신도 슬픈데 더 슬퍼 보이는 아빠를 위해 가만히 아빠의 등을 토닥입니다. 아주 미미하지만 아빠의 등에 딸의 부드러운 손의 온기가 느껴집니다. 아빠가 마음의 위로를 얻습니다.

하나님은 한나에게 위로받으셨습니다. 한나가 하나님 나라 이스라엘을 위한 아들을 낳겠다고 할 때 하나님은 기쁘셨습니다. 자녀인 우리가, '당신의 필요를 채워 드리겠다'고 고백할 때 하나님은 기뻐하십니다. 그리고 그 고백을 오늘 우리에게도 듣고 싶어 하십니다. 여러분, 기도로 하나님에게 이 고통의 현실을 아뢰며, 울며 나아갑시다. 우리의 결핍으로 인해 울고, 우리의 부족 때문에 울었지만, 그렇게 하나님에게 나아가 울다가 하나님과 마음이 통하게 되면, 그분을 위해 자원하여 나오길 바랍니다. 우리보다 상한 마음으로 고통스러워하시는 하나님을 알고 하나님을 경험한 사람들이 생기길 바랍니다. 늘 주님이 우리를 싸매 주시기만을 바라셨습니까? 그렇다면 가끔 우리도 우리 하나님의 마음을 위로해 드리면 어떨까요?

여러분 모두가 하나님과 마음이 통하는 자녀가 되기를 소망합니다. 하나님이 아파하시는 것, 하나님이 마음 상해 하시는 것이 무엇인지 느끼고, 탄식이 있는 자리에 서서 그 탄식을 그치게 하는 데 나를 써 주시기를 구할 수 있기를 바랍니다. 하나님이 나를 통해, 또 우리를 통해 시대의 소망이 되는 사무엘들을 낳게 하시기를 간절히 축원합니다.

다윗

믿음으로
전장에 나가라

삼상 17:22-49

하나님 마음에 합한 자, 다윗의 출현

'1만 시간의 법칙'이라는 말을 유행시킨 「아웃라이어」(김영사 역간)라는 책이 있습니다. 이 책의 저자는 경영과 자기계발에 많은 영향을 준 베스트셀러 작가 말콤 글래드웰(Malcolm Gladwell)입니다. 그는 2014년에 아주 독특한 제목으로 책을 썼습니다. 「다윗과 골리앗」(김영사 역간)입니다. 그의 다른 책이 그러했던 것처럼 이 책 역시 주목을 받았고, 신앙 서적이 아님에도 많은 설교자가 설교에 인용할 만큼 그리스도인들에게도 큰 인기를 끌었습니다. 이 책의 부제는 '강자를 이기는 약자의 기술'입니다. 이 책은 아주 독특하게 시작되는데, 성경에 나와 있는 가장 유명한 전투로 다윗과 골리앗의 전투를 제시합니다. 그리고 불가능해 보이는 이 승리의 원인으로 다윗이 거인인 골리앗을 이길 수밖에 없는 기술을 사용했기 때문이라고 설명합니다. 그러면서 '거인과 어떻게 싸워야 하는지'를 설명한 후 다양한 영역에서 일반적이지 않은 방법으로 거인을 이긴 사람들의 예를 들어가며 논증합니다. 이 책을 한 문장으로 요약하면, '약자만이 움켜쥘 수 있는 위대한 승리 기술을 통해, 인생의 어려움에 직면했을 때 새로운 시각으로 상황을 보고 어려움을 극복하고 승리하라'입니다.

이 책은 당시에 전 세계적으로 엄청나게 팔렸고, 한국에서도 많이 팔렸습니다. 문제는 말콤 글래드웰의 연구가 경영과 자기계발 분야에서는 맞을 수 있지만 성경이 말하는 바는 아니라는 것입니다. 그렇다면 과연 이 다윗과 골리앗의 이야기를 통해 하나님이 당신의 백성에게 하고 싶으신 말씀은 무엇일까요? 매우 유명한 본문이기에 이미 여러분은 이 본문으로 전한 설교도, 글도 많이 접해 보았으리라 생각합니다. 그런데도 제가 이 본문을 가져온 것은, 감염병의 시기를 살아가야 하는 성도인 우리가 배워야 될 중요한 통찰이 여기에 있기 때문입니다.

거인 골리앗은 강력한 갑옷과 무기로 무장하고, 이스라엘을 향해 "대장전을 하자"고 소리 질렀습니다. 무려 40일 동안 이스라엘 군대와 여호와를 욕하며 "싸우기 원하는 자는 나오라"고 했지만 겁에 질린 이스라엘 군인들 가운데 용기를 내어 나오는 이가 없었습니다. 이스라엘의 사기는 떨어질 대로 떨어졌습니다. 그때 참전한 형들에게 물품을 전해 주러 간 소년 다윗이 그 모습을 봤습니다. 그는 분노했고 자원해서 전장에 나가 승리했습니다.

골리앗의 신장은 여섯 규빗 한 뼘입니다. 현대 도량형으로 바꾸면 283센티미터입니다. 그는 오천 세겔의 놋으로 만든 갑옷을 입었습니다. 57킬로그램입니다. 창을 들고 있었는데 그 창끝에 있는 창날의 무게만 7킬로그램입니다. 등에는 놋으로 된, 던질 수 있는 단창들도 있었습니다. 성경의 묘사를 정리하면, 골리앗은 움직이는 성입니다. 누구도 이 성을 무너뜨릴 수 없을 것 같아 보입니다.

그런데 그 거대한 움직이는 성을 향해 한 소년이 달려갔습니다. 목동들이 입는 흔한 옷을 입고, 손에는 흔하게 구할 수 있는 물매가 들려 있었습니다. 소년은 골리앗을 단번에 쳐 죽였습니다. 여러분, 여기에는 아주 분명한 메시지가 담겨 있습니다. "세상이 아무리 강해 보일지라도, 하나님을 신뢰함으로 세상과의 전투에 임한 하나님의 백성은 그 세상을 이긴다"는 것입니다. 그래서 우리는 사무엘상 17장을 읽으며 "하나님을 신뢰함으로 이 세상을 이기는 '믿음의 용사가 되자"고 적용합니다. 그렇다면 이제 조금 더 깊이 본문으로 들어가 보겠습니다.

다윗의 중심을 보시는 하나님

우리는 성경에 나오는 익숙한 이야기들을 진지하고 꼼꼼하게 다시 읽어야 할 때가 많습니다. 익숙함 때문에 너무 쉽게 내용을 다 이해했다고 착각하는 경우가 있기 때문입니다. 17장의 교훈이 단순히 '믿음의 용사가 되자'라면, 하나님이 그것을 말하기 위해 쉰여덟 절이나 되는 긴 글을 쓰시진 않았을 것이기 때문입니다. 17장이 이렇게 긴 이유는 무엇일까요? 사무엘상 17장의 '다윗과 골리앗' 이야기는 사무엘상 16장 7절부터 읽어야 이해할 수 있습니다.

> 내가 보는 것은 사람과 같지 아니하니 사람은 외모를 보거니와 나 여호와는 중심을 보느니라 하시더라(삼상 16:7b).

이스라엘 초대 왕 사울은 하나님 나라의 왕으로서 완전히 실패했습니다. 하나님은 사무엘에게 새로운 이스라엘 왕을 찾아 "그에게 기름을 부으라"고 명하셨습니다. 하나님은 사무엘을 다윗의 아버지 이새의 집으로 인도했고, 사무엘은 이새의 아들 가운데 외모가 출중한 큰아들 엘리압을 보고, 그에게 기름을 부으려 했습니다. 그때 하나님이 아니라고 하시며 한 말씀이 7절입니다. "나 여호와는 중심을 보느니라!" 하나님은 중심을 보시는 분인데, 엘리압은 합당하지 않다는 것이지요. 그 후 사무엘은 소년 다윗에게 기름을 부었습니다. 중심을 보시는 하나님의 눈에 다윗이 맘에 들었다는 것입니다. 과연 하나님이 기뻐하신, 그 '다윗의 중심'은 무엇이었을까요?

다윗의 중심 1 : 거룩한 분노

첫 번째, 하나님이 보신 다윗의 중심은 다윗 안에 있던 '거룩한 분노'입니다.

> 다윗이 이르되 내가 무엇을 하였나이까 어찌 이유가 없으리이까 하고(삼상 17:29).

큰형 엘리압이 전쟁터를 돌아다니는 막내 다윗을 보고 화를 냅니다. "너는 돌봐야 할 양은 어떻게 하고, 전쟁터를 돌아다니느냐?" 다윗이 형에게 대답합니다. "어찌 이유가 없겠습니까? 내가 이러는 이유가 있지요!" 다윗은 전쟁에 참전할 나이가 되지 않았습니다. 그저 참전한 형들에게 도시락을 전하러 왔을 뿐입니다. 그런데 그런 다윗이 이스라엘 군대를 대표해 골리앗과 일대일로 싸우겠다고 나선 것입니다. 그러면서 자신의 행동에 이유가 있다고 밝히고 있습니다.

23절과 27절, 그리고 30절에 반복되어 나오는 표현이 있습니다. "전과 같은 말을 하매"입니다. 골리앗이 했던 '어떤 말'이 있는데 계속 반복한 그 말 때문에 다윗은 이 전투를 꼭 해야겠다는 것입니다. 골리앗이 반복하여 한 말은 무엇입니까? '이스라엘을 모욕하고, 그 신들의 이름으로 저주하고 조롱하는 말'이었습니다. 골리앗은 하나님을 비난하고 조롱하며 비웃었습니다. 지난 40일 동안 하루도 빠

짐없이 그 골짜기에 울려 퍼진 소리였습니다. 그 비웃음이 도시락 배달을 온 소년 다윗의 귀에 들린 것입니다. 다윗은 그 소리를 듣고 격분하여 일어났습니다.

소년 다윗은 하나님을 모욕하는 골리앗을 보았습니다. 그리고 고개를 돌려 이스라엘 군대를 보았습니다. 그때 다윗의 눈에 비친 것은 "이스라엘 모든 사람이 그 사람을 보고 심히 두려워하여 그 앞에서 도망하[는]"(삼상 17:24) 모습입니다. 그곳에 있는 모든 사람은 골리앗이 하나님을 모욕하고 있다는 것을 알았습니다. 그러나 그 가운데 누구 하나 골리앗과 싸우려 하지는 않았습니다. 골리앗이 나쁜 건 알겠는데, 너무 강해 보인 것이지요. 서로 눈치를 보는 것, 그것이 지난 40일 동안 이스라엘 군대가 한 유일한 일입니다.

소년 다윗은 골리앗이나 블레셋에 화가 난 게 아닙니다. 그들이 그렇게 행동하고 말하는 건 어찌 보면 당연합니다. 다윗이 화가 나는 건 이스라엘 사람들 때문입니다. 세상 앞에 겁을 집어 먹고 꼬리를 내리고 있는 하나님 백성의 꼬락서니를 보고 화가 난 겁니다. 다윗은 참을 수가 없었습니다.

다윗도 골리앗이 두려웠을 것입니다. 이 싸움이 불리하다는 것은 누구라도 알 수 있었습니다. 다윗은 골리앗을 향해 가는 중에 돌멩이 다섯 개를 들었습니다. 다윗 스스로도 골리앗을 한 방에 쓰러뜨릴 거라 생각하지 않은 것입니다. 다윗은 자신이 이긴다고 확언했지만 실상 다윗의 마음속 그림은 신라의 관창이 그랬던 것처럼 장렬한 전사를 통해 이스라엘의 사기를 올려 주려는 것일 수도 있었다고 저는 생각합니다. 그럼에도 불구하고 다윗은 앞으로 나아가야 했습니다. 왜 그렇습니까? 지금 저 골리앗의 입에서 나오는, 하나님을 비방하는 말과, 그 말을 들었음에도 자기 생명을 보존하기 위해 꼼짝도 하지 않는 이스라엘의 비겁함 때문입니다. 여러분, 다윗은 지금 '거룩한 분노' 때문에 움직이는 것입니다.

우리가 사는 이 시대는 어떻습니까? 오늘날 교회와 성도의 위상이 어떻게 되었나요? 세상이 교회를, 또 교회가 믿는 하나님을 어떻게 대하고 있습니까? 그렇다면 여러분, 우리는 이 모든 상황에서 무엇을 느껴야 할까요? 우리는 화내야 합니다. 분노해야 합니다. 그러나 우리의 분노는 세상을 향한 것이 아닙니다. "잘하고 있는 교회도 많고, 잘하고 있는 성도가 더 많다"고 이야기하며 세상을 향해 화를 내야 한다는 것이 아닙니다. 이렇게까지 하나님의 이름에 욕을 먹이고 있는 바로 우리 자신을 보며 화를 내야 하는 것입니다. 예수를 주로 고백하는 바로 우리가 이 정도밖에 살아 내지 못하는 것에 화가 나야 한다는 것입니다.

여러분, 하나님을 사랑하십니까? 우리는 "하나님을 사랑한다. 예수님을 사랑한다"는 말을 참 많이 합니다. 그런데 내가 '사랑하는 이'가 우리 때문에 짓밟히고 있습니다. 우리 때문에 그분이 수치를 당하고, 우리 때문에 그분이 상하고 있습니다. 우리가 정말 하나님을 사랑한다면 가만히 있으면 안 됩니다. 그분을 사랑하기 때문에 그분의 명예를 지키고 싶어 해야 합니다. 다윗은 하나님을 사랑했습니다. 그의 사랑은 그저 말뿐이 아니었습니다. 사랑하기 때문에 분노했고, 분노할 만큼 하나님을 사랑했습니다. 하나님은 그 다윗의 중심에 있는 '당신을 향한 불타는 사랑'을 보셨습니다. 우리 안에 하나님을 향한 진짜 사랑이 있기를 원합니다. 그 사랑에서 나오는 거룩한 분노가 있기를 원합니다.

다윗의 중심 2 : 세상과 다른 눈

두 번째, 하나님이 보신 다윗의 중심은 다윗이 가지고 있던 '세상과 다른 눈'입니다. 다윗 때문에 이스라엘 진영에 소란이 일어났고, 사울은 그 소란을 일으킨 이를 불러들였습니다. 그런데 막상 다윗을 만난 사울은 실망합니다. 이제 갓 수염이 나기 시작한 소년이었기 때문입니다. 사울은 이렇게 선언합니다.

> 사울이 다윗에게 이르되 네가 가서 저 블레셋 사람과 싸울 수 없으리니 너는 소년이요 그는 어려서부터 용사임이니라(삼상 17:33).

사울은 자기가 가진 기준으로 다윗을 판단했습니다. 골리앗은 강력한 용사이고 다윗은 소년일 뿐입니다. 그런데 사울의 이 평가가 옳은 것일까요? 사울의 평가 기준은 무엇입니까? 다윗과 골리앗의 눈에 보이는 부분, 즉 '외모'입니다. 나중에 골리앗도 자신을 향해 나오는 다윗을 비웃습니다. 다윗의 외모가 자신과 싸울 만큼 위협적으로 보이지 않았기 때문입니다. 이스라엘의 왕 사울과 하나님을 모욕하는 블레셋 사람 골리앗의 눈이 같은 것입니다. 둘 다 외모만 보고 있습니다.

영원한 생명을 소유한 그리스도인과 그 생명과 무관한 삶을 살고 있는 비그리스도인의 생각은 완전히 다른 것이어야 합니다. 세상을 보는 눈, 가치관, 세계관이 전혀 달라야 합니다. 영원한 생명도, 영원한 나라에 대한 소망도 없는 이들은 이 땅에서 눈에 보이는 것이 전부입니다. 그러니 눈에 보이는 것들로 이 세상을 사는 것이 마땅합니다. 잘 판단하고, 잘 계산하고, 절대 손해 보지 않는 길을 찾는 사람이 지혜로운 사람입니다. 그런데 여러분, 그리스도인은 그렇게 살 수 없습니다. 세상 사람들의 눈에 보이지 않는 또 다른 것이 보이기 때문입니다.

여러분은 이 세상과 '다른 시선'을 가지고 있습니까? 요즘 여러분은 무슨 생각을 하고 있습니까? 그리고 그 생각의 관점이 여러분 주변에 있는, 예수님을 믿지 않는 이들과 어떤 차이가 있습니까? 대화를 하는데 전혀 이질감을 느끼지 못하는 것은 아닙니까? 아니, 세상보다 더 세상 이치에 밝은 모습을 보여 주지는 않으십니까? 하나님이 이 모든 상황을 어떻게 보시는지에 관해서는 아무 고민 없이 그저 그렇게 세상에 뒤처지지 않으려고 발버둥 치며 사시는 건 아닌가요?

다윗을 보겠습니다. 다윗은 골리앗의 외모에 주눅 들지 않았습니다. 다윗은 골리앗의 중심을 보았습니다. 골리앗은 사실 겁쟁이 였습니다. 큰 소리를 치는 골리앗이 지금 어디에 있습니까? 7절에 보면 온몸을 갑옷으로 보호하고 있는 골리앗이 나오는데, 마지막 부분에 이런 묘사가 있습니다. "방패 든 자가 앞서 행하더라." 골리앗은 방패를 들고 있는 자 뒤에서 외치고 있는 것입니다. 더 특이한 표현이 있습니다. 이제 막 전투가 벌어지려 합니다. 다윗이 단신으로 물매를 돌리며 다가옵니다. 그때 이 전투에 임하는 골리앗에 대한 묘사입니다.

> 블레셋 사람이 방패 든 사람을 앞세우고 다윗에게로 점점 가까이 나아가니라(삼상 17:41).

막상 전투가 시작되었는데도 골리앗은 여전히 방패 든 사람 뒤에 숨어 있다는 것입니다. 이게 무엇을 의미하는 것일까요? 골리앗은 허당이라는 소립니다. 다윗의 눈에는 그 많은 보호구 뒤에 숨어 있는, 두려움에 떨고 있는, 그래서 더 센 척하고 더 크게 소리를 지르는 골리앗의 중심이 보인 것입니다. 진짜 사나운 개는 짖지 않습니다. 시끄럽게 짖는 개는 자기가 무서워서 짖는 것입니다. 정말 사나운 개는 그냥 물어 버립니다. 골리앗은 겁쟁이였고, 다윗은 그것을 볼 수 있었습니다.

세상은 강해 보입니다. 세상은 아마 계속해서 자신이 강하다고 할 것이며, 여러분이 그 세상의 말을 듣지 않고 시키는 대로 하지 않으면 망하게 될 거라고 위협할 것입니다. 그러나 세상의 위협 앞에서 여러분은 세상을 똑바로 봐야 합니다. 세상이 여러분 앞에서 그렇게 센 척하는 이유가 무엇입니까? 성도가 성도로 살지 못하게 계속해서 공격하는 이유가 무엇입니까? 세상은 성도인 우리가 두렵기 때문입니다. 세상 사람들은 이 땅이 전부라고 생각하며 이 땅에 모든 것을 걸고 열심히 앞뒤 안 보고 살아가는데, 그리스도인들은 그런 세상 앞에서 하늘이 있고 영원이 있다고 말하는 사람들이기에 위협이 되는 것입니다.

다윗의 눈은 하나님의 눈을 닮았습니다. 하나님이 다윗의 중심을 보신 것처럼 다윗도 골리앗, 즉 세상의 중심을 보았습니다. 여러분, 우리가 '중심을 보는 눈', 하나님을 닮은 시선을 갖게 해달라고 구하시기 바랍니다. 주님을 닮은 눈으로 세상을 보고 우리를 보고 주님을 봄으로써 세상의 허세에 눌리지 말고 마땅히 우리가 가야 할 길을 갈 수 있게 해달라고 구하기 바랍니다. 우리 주님이 우리의 눈을 고쳐 주시기를, 이전 날 보지 못하던 것을 볼 수 있게 해주시기를 바랍니다.

다윗의 중심 3 : '하나님을 아는 지식'에 근거한 승리 확신

세 번째, 하나님이 보신 다윗의 중심은 다윗 안에 있는 '하나님을 아는 지식'입니다. 다윗에게는 골리앗과의 전투에 대한 승리의 확신이 있었습니다. 다윗은 근거 없는 확신을 가진 것이 아닙니다. 그의 승리 확신에는 근거가 있었습니다. 바로 그가 아는 하나님에 대한 지식입니다. 싸움에 나가는 소년 다윗에게 무슨 지식이 있었다는 것일까요? 양치기를 하면서 경험한, 이전 날 위기의 때에 했던 고백인 35절과 37절을 유심히 살펴보겠습니다.

> 내가 따라가서 그것을 치고 그 입에서 새끼를 건져 내었고(삼상 17:35a).
> 또 다윗이 이르되 여호와께서 나를 사자의 발톱과 곰의 발톱에서 건져 내셨은즉 나를 이 블레셋 사람의 손에서도 건져 내시리이다(삼상 17:37a).

다윗은 '건져 냄'이라는 히브리어 단어 '나찰'(נצל)을 총 세 번 썼습니다. 이 '나찰'이라는 단어는 여러 뜻이 있는데, 그중 하나가 '구원받다'입니다. 다시 번역해 보겠습니다. "내가 나의 양 떼를 구원하기 위해 사자와 곰과 싸울 때, 하나님이 나를 (그 양을 공격하는) 사자와 곰의 발톱에서 구원하여 주셨습니다. 지금 나는 하나님의 양인 이스라엘 백성을 구원하기 위해 블레셋 사람과 싸우러 나아갑니다. 그러니 이제 하나님이 나를, (당신의 양인 이스라엘을 공격하는) 저 블레셋 사람의 손에서 구원하십시오."

다윗은 목농으로 살면서 여호와 하나님을 경험했습니다. 다윗에게 하나님은 자신이 양을 지키려고 적과 싸울 때마다, 자기를 대신

하여 싸워 주신 분이었습니다. 지금 그가 하려는 싸움은 하나님의 양인 이스라엘 백성을 지키기 위해 그 백성을 두려워 떨게 하는 괴물과의 싸움입니다. 다윗은 이 순간 자신이 이제까지 살면서 경험한 하나님에 대한 모든 지식을 근거로 하나님의 구원을 확신한 것입니다. 이전 날 자신을 사자와 곰에게서 구원하신 이가, 지금 동일한 일을 하려고 하는 자신을 구원해 주실 것을 아는 것이지요. 이것이 다윗의 확신입니다.

여러분, 다윗이 싸움을 잘하는 사람이어서 이긴 것이 아닙니다. 물매가 치명적인 무기여서도 아닙니다. 움직임이 둔한 골리앗을 상대로 원거리 저격 무기로 하는 싸움의 기술을 잘 활용해서 이긴 것도 아닙니다. 전략을 잘 세우고, 틈새를 잘 이용하고, 허점을 찔러서 거인을 이긴 것이 아닙니다. 다윗의 승리는 이스라엘의 목자 되신 하나님에 대한 바른 지식에 근거한 온전한 신뢰의 결과입니다. 여러분, 하나님을 더 많이 알기를 소망하십시오. 하나님이 어떤 분인지 배우고, 경험하여 알아 가기를 소원하십시오. 그 온전한 지식에서 나오는 신뢰로 하나님을 바라보십시오. 그리고 그분이 원하시는 자리에 그분이 원하시는 방식으로 서십시오. 주께서 우리로 하여금 세상을 이기게 하실 것입니다.

여호와의 전투, 그 결과

전투가 벌어졌습니다. 다윗은 골리앗을 향해 이렇게 외치며 달려 나갑니다.

> 너는 칼과 창과 단창으로 내게 나아 오거니와 나는 만군의 여호와의 이름 곧 네가 모욕하는 이스라엘 군대의 하나님의 이름으로 네게 나아가노라(삼상 17:45).

다윗은 왜 "나는 물매를 들고 나아간다"라고 하지 않고, "하나님의 이름으로 나아간다"고 외친 것일까요? 다윗이 이 전투를 통해 사람들로 하여금 알게 되기를 원한 것이 있기 때문입니다.

> 오늘 여호와께서 너를 내 손에 넘기시리니 내가 너를 쳐서 네 목을 베고 블레셋 군대의 시체를 오늘 공중의 새와 땅의 들짐승에게 주어 온 땅으로 이스라엘에 하나님이 계신 줄 알게 하겠고 또 여호와의 구원하심이 칼과 창에 있지 아니함을 이 무리에게 알게 하리라 전쟁은 여호와께 속한 것인즉 그가 너희를 우리 손에 넘기시리라(삼상 17:46, 47).

이스라엘의 하나님이 살아 계신다는 것과, 하나님의 구원이 무기에 달린 것이 아니라는 것과, 모든 전쟁이 하나님의 손에 달려 있음을 온 땅에 알리고 싶었던 것입니다. 하나님을 비웃는 세상과 비굴해진 이스라엘을 향해, 살아 계시고 강하시고 능하신 여호와 하나님을 보여 주고 싶었던 것입니다.

다윗의 무기는 '여호와의 이름'이었습니다. 칼과 창과 단창으로 세상과 같은 방식으로 싸우는 것으로는 하나님의 이름을 드러 낼 수 없습니다. 다윗에게도 사울 왕의 칼과 창과 갑옷을 입을 기회가 있었습니다. 하지만 다윗은 그 매력적인 기회를 포기합니다. 하나님이 원하시는 '하나님의 이름'으로 세상을 이기기로 작정했기 때문입니다. 이것이 다윗의 중심이었습니다. 하나님은 이 중심을 아시고 다윗을 왕으로 삼으셨습니다.

전투가 시작되었습니다. 긴 서론을 생각하면 그만큼이나 긴 전투 묘사를 기대하게 됩니다. 그런데 성경은 아주 짧게 이 전투를 묘사합니다. 딱 두 구절입니다.

> 블레셋 사람이 일어나 다윗에게로 마주 가까이 올 때에 다윗이 블레셋 사람을 향하여 빨리 달리며 손을 주머니에 넣어 돌을 가지고 물매로 던져 블레셋 사람의 이마를 치매 돌이 그의 이마에 박히니 땅에 엎드러지니라(삼상 17:48, 49).

마흔일곱 절이나 되는 서론이 있었는데 막상 전투 장면은 두 절입니다. 골리앗은 창 한 번, 칼 한 번 휘두르지 못하고 죽어 버립니다. 다윗도 이렇게 쉽게 이기리라 생각하지 못했을 만큼 이 놀라운 전투는 쉽고 빨리 끝나 버린 것입니다. 어떻게 이럴 수 있었을까요? 이것은 다윗과 골리앗이 싸운 게 아니라 전능하신 하나님, 엘 샤다이 여호와 하나님이 블레셋 사람 한 명을 치신 사건이기 때문입니다.

'성도로 산다'는 것은

여러분 앞에 넘지 못할 산이 있나요? 건너지 못할 바다가 있나요? 거대한 요새가 있나요? 이길 수 없는 거인이 있나요? 두려움으로 성도의 싸움을 포기하고 있지는 않으신가요? 그런데 여러분, 우리 하나님이 보시기에도 세상의 공격이 거대하고 강력해 보일까요? 아닙니다. 하나님에게 골리앗은 작아도 너무 작았습니다. 하나님이 골리앗을 어떻게 이기셨습니까? 다윗이 던진 첫 번째 돌이 날아갈 때, 그냥 뒤에서 "후" 하고 부셨을 것입니다. 하나님은 절묘하게 그 돌을 골리앗이 쓰고 있던 투구의 유일한 빈틈으로 이끌었습니다. 그 돌멩이 하나에 세상의 거인이 쓰러져 버렸습니다.

여러분, 우리 인생이 이 전능하신 하나님의 손에 붙들린 인생이기를 바랍니다. 하나님을 신뢰하며 믿음으로 세상을 향해 나아갈 수 있기를 바랍니다. 거대한 골리앗과 같은 세상 앞에서 싸움을 포기하고 싶은 마음을 가진 분들에게 권면합니다. 이전까지 하나님이 우리를 어떻게 지키셨는지 기억하십시오. 또 우리의 복자이신 하나님이 우리를 지키실 것을 확신하십시오.

하나님의 손과 만군의 여호와의 이름으로 우리가 공동체의 한계와 아픔, 그리고 막아서는 것들을 무너뜨리기를 소원합니다. 이 시간 고통당하는 이들에게 하나님의 손의 도우심이 있기를 원합니다. 그 안에서 그 모든 것을 '되게 하시는' 하나님의 손의 도우심을 구하며, 그분과 함께 승리를 위해 준비되기를 축원합니다.

엘리사

내 아버지여 내 아버지여 이스라엘의 병거와 그 마병이여

갑절의 영감을 구하라

왕하 2:1-12

모두가 '실패했다'고 말하는 세대

베를린 예술 대학의 한병철 교수는 2012년에 「피로 사회」(문학과지성사)라는 책을 내면서 현대 사회의 문제를 '과잉 긍정'으로 진단했습니다. 기본적으로 철학 용어가 많이 사용된, 조금은 읽기 어려운 책인데도 이 책은 많은 사람에게 읽히고 공감을 얻었습니다. 당시 대통령에게 전해 주면 좋겠다고 생각하는 책 1위에 올라서 더욱 유명해진 책입니다. 책의 내용을 요약해 보겠습니다.

현대 사회에서 사람들은 과잉 긍정으로 인해 자기 자신을 착취하고 있습니다. 이를테면 "너는 할 수 있어. 힘을 내" 혹은 "꿈은 이루어진다"와 같은 문구들은 사람들을 현혹시켜 계속 자기 자신을 착취하게끔 만드는 것이지요. 그렇게 되면 다른 사람들과의 경쟁은 물론이고 내적으로 자기 자신과도 끊임없이 경쟁을 하게 됩니다. 물론 긍정의 힘을 무시할 수는 없습니다. 적당한 긍정은 사람들에게 동기를 부여해 주고 삶에 활력을 불어넣습니다. 하지만 긍정의 힘을 과하게 믿고 의존하다 보면, 결과가 자신의 노력에 미치지 못할 때 실망감은 배가 됩니다. 또한 그것이 반복되다 보면 지치게 됩니다. 이러한 과잉 긍정이 현대 사회에서는 마치 질병처럼 팽배해 있고, 그 안에서 우리는 깊은 피로감을 느낄 수밖에 없다는 것이 이 책의 내용입니다.

저자는 현대 사회에서 많은 이가 느끼는 이 피로함의 원인, 이 정신적인 질병의 원인을 '과잉 긍정'의 결과라고 말하고 있습니다. "나는 할 수 있다", "우리는 할 수 있다", "하면 된다! 해보자!"와 같은 긍정의 표현들이 사람들에게 폭력을 행사하고, 그로 인해 성취를 이루지 못하는 이들이 반복된 패배감을 경험한다는 것입니다. 저는 이 책의 내용에 모두 동의하지는 않습니다. 그러나 기독교 안에도 이런 운동이 있었고, 그 운동의 결과가 한병철 교수의 정리와 비슷하다는 생각이 들었습니다. 최근까지 유명한 한 기독교 도서는 계속해서 긍정의 힘을 이야기했습니다. 적극적인 사고방식을 이야기했습니다. 비전을 품으라고 이야기했고, 동일한 소원을 계속해서 말하라고 이야기했습니다. 그런 류의 책은 늘 베스트셀러였습니다. 기독교인이 세상적으로 성공한 스토리를 이야기하는 간증십노 항상 많은 분에게 감동을 주었고, 그런 분들의 간증이 교회의 주된 메시지였습니다. 그런데 최근에는 이런 경향이 많이 줄어들고 있습니다. 젊은 세대를 중심으로 그런 '긍정'이 주는 피로감을 느꼈기 때문입니다. 동기를 부여받아 노력을 해보기는 하지만 잘 되지 않음을 경험하면서 결국에 '나는 안 되는구나'라는 식으로 긍정의 반대편으로 넘어가 버린 사람이 많기 때문입니다.

한국 기독교는 참 어려운 상황 가운데 있습니다. 교회 안에 여전히 '긍정의 힘'을 믿고, 그 힘으로 앞으로 나아가야 한다고 말하는 분들이 있는가 하면, 이와 동시에 이미 그런 긍정에 지쳐서 아무것도 하고 싶지 않으며 할 수도 없다고 말하는, 이른바 '아무것도 하지 않는 이들'도 있습니다. 저는 긍정의 힘을 믿지 않습니다. 적극적으로 생각한다고 해서 그 생각이 모든 것을 바꿀 수 있다고 말하지도 않습니다. 제가 가지고 있는 여러 한계를 볼 때, 그리고 현실이 가지고 있는 엄중함을 생각할 때, 그렇게 말할 수 없는 상황이 매우 많음을 보았기 때문입니다. 그러나 여러분, 저는 아무것도 할 수 없다고 말하는 이 '피로감'에 관해서도 인정할 수 없습니다. 이 피로감을 근거로 '성도가 마땅히 이 땅에서 싸워야 하는 싸움'마저도 포기하는 것을 보고 있기 때문입니다. '하나님의 주권'을 믿는다는 말로, 우리가 해야 할 성도의 의무에 소홀하지는 않는지 질문하고 싶습니다.

영적 세대교체의 중대함

어느 단체나 세대교체는 중요한 일입니다. 인간과 동물을 구분하는 여러 기준 중 하나로 '문자'를 주장하는 학자들이 있는데, 이들은 인간만이 문자를 사용해서 '자기 세대에서 배운 것을 다음 세대에 전수할 수 있다'는 것을 동물과 인간의 구분 근거로 삼습니다. 일견 맞다고 생각합니다. 자기 세대에서 경험을 통해 배운 것이 다음 세대로 이어지지 않는다면 인간은 어떠한 발전도 불가능합니다. 세대가 교체되는 시점에서 얼마나 잘 전수되느냐가 아주 중요하지요.

일반 세상에서도 세대교체는 중요하지만 영적인 부분에서는 더욱 그렇습니다. 신앙 공동체 역시 자신들의 신앙을 다음 세대에 바르고 온전하게 전달해야 합니다. 다음 세대 역시 이전 세대에게 받은 신앙을 자신들에게 적합한 모습으로 전환하여 발전시켜 가야 합니다. 단절이 아니라 발전이고 전진이어야 하는 것입니다. 그런 의미에서 저는 이 장에서 신앙의 한 세대가 또 다른 세대로 이어져 가는 일이 어떻게 가능한지를 살펴보려 합니다. 엘리야에서 엘리사로 이어지는 이 이스라엘의 '하나님 나라 운동' 전수 장면을 살펴보려는 것입니다. 하나님 나라가 전진하는 데 반드시 필요한 것이 바로 이것이기 때문입니다.

누가 이 전쟁을 이어받는가?

엘리야 시대에 왕은 아합이었습니다. 아합은 악한 왕이었고, 그 후에 많은 이스라엘의 왕이 바알을 섬기는 배교의 길을 걷게 만든 장본인이었습니다. 엘리야는 그 강력한 아합 왕과 싸우며 어떻게 해서든 하나님 나라를 지키기 위한 전쟁을 한 사람입니다. 많은 이가 풍요의 신인 바알에게 무릎을 꿇을 때, 엘리야는 그 모든 이를 향해 돌아올 것을 불같이 외치며 하나님의 능력을 행한 선지자였습니다. 가장 극적인 사건은 갈멜산의 전투입니다. 바알의 선지자 450명과 하나님의 선지자 엘리야 한 사람의 전투는 결국 엘리야와 여호와 하나님의 승리로 끝났습니다. 그리고 얼마 후 아합이 죽고, 그의 아내이며 이 땅에 우상을 들여온 이세벨도 죽었습니다. 그 후 얼마 지나지 않아 엘리야도 이 땅에서의 시간을 끝냅니다. 하나님이 엘리야에게 땅에서의 시간이 얼마 남지 않았음을 통고하셨습니다.

가장 어두웠던 시대, 등불을 들고 외치던 사람이 엘리야였습니다. 그런데 하나님이 지금 그를 부르시는 것입니다. 문제는 아직 북이스라엘의 상태가 온전해지지 않았다는 데 있습니다. 아합은 죽었습니다. 그러나 아합의 길을 따르는 아들 아하시야가 왕이 되었고, 이 땅은 여전히 바알에게 절하고 있습니다. 아직 하나님 나라의 전투가 끝나지 않았으며, 더한 전투가 남아 있습니다. 그런데 그 싸움의 선봉에서 싸우던 엘리야가 사라지는 것입니다. 자, 이제 이 하나님 나라의 전투는 어떻게 되는 것일까요? 그렇습니다. 누군가가 엘리야의 자리로 들어가야 합니다. 그리고 엘리야가 싸운 것처럼 싸워야 합니다. 이제 남은 문제는 하나입니다. '누가 이 엘리야의 싸움을 이어받을 것인가'입니다.

아무에게나 맡길 만한 일이 아닙니다. 이 싸움은 쉽지 않은 싸움이기 때문입니다. 정말 힘겨운 싸움이 될 것입니다. 그래서 이 싸움에서 결코 물러서지도, 도망가지도 않을 사람, 정말 믿을 수 있는 사람이 아니면 안 되는 것입니다. 만약 바통 터치가 잘못되면 이제까지 엘리야가 싸워 온 싸움이 무의미해질 만큼 하나님 나라가 뒤로 물러설 수 있습니다. 하나님 나라의 전투는 체육 대회의 하이라이트인 계주 경기와 비슷합니다. 체육 대회의 마지막 순서이며 역전 드라마를 가장 많이 만들어 내는 종목이 계주입니다. 계주는 여러 명의 선수를 선발해서 일정 거리를 나누어 뛰게 하는 경기입니다. 이 계주의 성패는 한 사람의 탁월한 선수에게 있지 않습니다. 아무리 탁월한 선수가 있다 할지라도 그 선수도 바통을 받아야 하고 다음 선수에게 다시 전해야 하기에, 다음 선수가 그 탁월한 선수의 순위를 지켜 줄 만큼 잘하지 못한다면 최종적으로 지는 것입니다. 엘리야 역시 자신의 싸움을 이어 갈 바로 다음 선수를 뽑아야 했습니다. 왜 그렇습니까? 하나님 나라는 조직이나 프로그램, 혹은 건물이나 구조로 이어지는 것이 아니라, 사람에서 사람으로 전해지는 것이기 때문입니다.

그렇다면 누구를 뽑아야 할까요? 엘리야가 시작한 '하나님 나라 전투'를 이어 갈 '하나님의 사람'은 어떤 것을 지닌 사람이어야 할까요? 그것은 '자발적인 열정'입니다. 열왕기하 2장 1-8절 내용을 보면 세 번 반복되는 대화가 있습니다. 엘리야는 엘리사에게 세 번에 걸쳐서 "너는 여기 머물라!"(왕하 2:2, 4, 6)는 말을 합니다. '나는 갈 테니까 넌 따라오지 말라'는 것입니다. 하나님이 자신을 부르실 때 홀로 하나님에게 올라가겠다는 것입니다. '내 옆에 네가 없으면 좋겠다'는 것입니다. 그러한 엘리야의 명령 앞에서 엘리사는 같은 말로 세 번 대답합니다. "여호와께서 살아 계심과 당신의 영혼이 살아 있음을 두고 맹세하노니 내가 당신을 떠나지 아니하겠나이다"(왕하 2:2, 4, 6).

엘리사는 절대로 엘리야를 떠나지 않을 것이라고 말했습니다. 엘리야의 임종을 보기 전까지 반드시 그 곁에서 물러서지 않겠다는 의지입니다. 본문을 보면, 엘리사와 대조되는 또 다른 한 부류가 있습니다. 엘리야에게 훈련받은 선지자의 제자들입니다. 그들의 특징은 한마디로 '멀리서 바라봄'입니다. 그들은 엘리야의 임종을 분명하게 알았지만 엘리야를 따라가지 않습니다. 엘리야가 "따라오지 말아라!"라고 말했을 때, "네, 알겠습니다"라고 말하고는 멀리서 엘리야를 바라보기만 했습니다.

본문을 해석하는 중요한 열쇠는 엘리야가 엘리사에게 했던 "따라오지 마라!"라는 말의 진심 여부입니다. 제가 보기에 엘리야가 세 번이나 반복해서 "너는 여기 머물라!"고 말한 것은 엘리사를 향한 일종의 시험이었습니다. 엘리야가 말하는 것이 무엇이든 그가 말하는 대로 받아들여서는 안 된단 말이지요. 엘리사가 과연 엘리야의 사역을 이어 갈 자질이 있는지를 판단할 목적으로 이렇게 말한 것입니다.

　재미있는 예를 하나 들어 보겠습니다. 연애 중인 남녀가 있습니다. 몹시 추운 겨울, 시간은 밤 10시를 넘고 있습니다. 여자가 남자에게 "오늘은 너무 춥고 늦었으니까 바래다주지 말고 먼저 집에 가세요"라고 웃으면서 말했습니다. 형제들에게 묻겠습니다. 이때 남자는 어떻게 해야 할까요? 문자 그대로 이해하여 환하게 웃으면서 인사하고 여자를 놔 두고 먼저 집에 가야 할까요? 그렇게 하면, 아마 처음부터 다시 연애를 해야 하는 상황이 발생할 수 있습니다. 이럴 때는 들은 메시지와 정확하게 반대로 행해야 합니다. "오늘은 너무 춥고 늦었으니까 꼭 바래다 줄게"라고 말해야 하는 것이지요.

　여러분, 정확하게 반대로 반응해야 하는 명령이 있습니다. 그리고 엘리야는 그런 명령을 내렸습니다. 선지자의 제자들도 다 들은 명령입니다. 그리고 그 선지자의 제자들은 엘리야가 말한 명령에 문자적으로 순종했습니다. "너는 거기에 머물러라!" "네, 알겠습니다." 엘리야는 그들로 인해 심히 마음이 아팠습니다. 그들 중에는 자신의 뒤를 이어 하나님 나라를 위해 싸울 자가 없음을 보았기 때문입니다. 그런데 이 선지자의 제자들과 반대편에 선 한 사람이 있었습니다. 바로 엘리사였습니다. 엘리사는 따라오지 말라는 말을 듣고도 따라옵니다. 한 번, 두 번, 세 번 반복해서 밀어 냈는데 밀리지 않습니다. 엘리사는 "죽어도 당신을 끝까지 따라 가겠다"고 말하며 엘리야를 붙들었습니다. 엘리야는 귀찮은 척합니다. 그러나 엘리야의 마음에 감동이 있었습니다. 그 감동의 내용이 뭘까요? 평생을 들여 그래도 하나님 나라를 위한 전투를 이어 갈 '한 놈'은 키웠구나 하는 만족과 감사입니다.

'자발적 열정'을 가진 자

우리는 지금 거대한 전쟁 속에 있습니다. 하나님 나라가 사단이 권세를 잡고 있는 세상 나라와 전쟁하고 있습니다. 전 세계적으로 다양한 전선이 형성되어 있습니다. 어느 쪽에서는 하나님 나라가 폭발적으로 증가하고 있는가 하면, 어느 쪽에서는 거의 전멸하다시피 되었습니다. 그렇다면 우리 조국 대한민국의 상황은 어떨까요? 조국 교회는 사단과 세상에 비참하게 밀리고 있습니다. 지엽적으로 몇몇 교회가 선전하고 있지만 대부분의 교회는 지금 전선을 유지하는 것도 힘들어 하고 있으며, 이중 몇몇은 전선에서 한참 후퇴하거나 사라졌습니다. 많은 기독 단체 역시 지금 존망을 놓고 전투하고 있습니다. 제 아들이 네 살 될 무렵까지, 저는 아들에게 저를 이어 목사가 될 것을 말했습니다. 그러나 제 아들이 다섯 살이 되었을 때 진지하게 말했습니다. "지금으로부터 약 30년 후, 네가 자라서 어른이 되어 사역하게 될 즈음에는 조국 교회가 과연 존재할 수 있을지 모르겠다. 그러니 앞으로 나는 강요하지 않겠다."

우리가 선 이 땅에서 하나님 나라 전투는 심하게 밀리고 있습니다. 아름다웠던 믿음의 선배들은 전투하는 지상 교회를 떠나 승리

한 천상 교회로 갔습니다. 그러나 그들은 그들만큼 위대한 믿음의 사람들을 키워 내지 못했습니다. 하나님 나라는 거침없이 밀리는 중입니다. 외부 공격도 있지만 내부에서 썩어 들어가는 부분이 훨씬 많습니다. 답을 찾으려 노력하지만 답을 찾지 못하고 있습니다. 이 땅의 많은 교회가 처참할 정도로 무너졌습니다. 좋은 교회에 속한 분들은 모를 수도 있지만, 전체적으로 상황은 몹시 좋지 않습니다. 엘리야의 마지막 때가 바로 그러했습니다. 과연 누구에게 엘리야의 전부인 하나님 나라 전선을 맡길 수 있었을까요? 엘리야가 본 것은 엘리사의 '자발적 열정'이었습니다.

여러분, 하나님 나라를 위한 '과격한 헌신'이 필요합니다. 자신의 생을 던져서 하나님 나라를 붙잡겠다는 사람이 필요합니다. 그저 어느 정도 괜찮은 수준, 깔끔하고 신사적인 수준으로는 안 됩니다. 하나님 나라를 위해 뭔가 해보겠다는 일상의 수준을 뛰어넘어 "기필코 나는 당신의 마지막을 봐야겠습니다"라고 말하며 믿음의 선배들의 뒤를 좇는 열정의 사람이 필요합니다. "당신이 어디로 가든지 나는 당신과 함께할 것입니다"라고 말하며 믿음의 선배들이 싸워 온 그 전선을 그대로 이어받으려는 열정을 가진 사람이 이 시대에도 필요하다는 것입니다. 여러분의 가슴을 뛰게 만드는 이 전쟁에 뛰어들어 오십시오. 생을 태우는 불꽃을 주님에게 구하십시오. 그 나라를 붙잡고, 갈 때까지 가는 과격함을 품으십시오. 하나님에게 그 열정을 달라고 구하는 여러분이 되시기를 바랍니다.

하나님 나라는 '그 나라를 향한 자발적인 열정'을 가진 이에게 전수됩니다. 하나님은 결코 자원하지 않는 자를 전쟁에 내보내시는 법이 없습니다. 기드온이 미디안 연합군과 전투할 때 모여든 3만 2천 명을 향해 하나님은 "누구든지 두려워 떠는 자는 길르앗산을 떠나 돌아가라"(삿 7:3)고 말씀하셨습니다. 모여든 사람들 중 2만 2천 명이 집으로 돌아갔습니다. 여러분, 무슨 전쟁이 이렇습니까? 전쟁을 하는데 두렵지 않은 사람이 어디 있습니까? 그런데 하나님은 3분의 2나 되는 사람을 왜 돌려보내 버리셨습니까? 그들은 자원자가 아니기 때문입니다. 자원자는 어떻습니까? 두려워도, 떨려도, 힘들어도, 돌아가지 않는 자들입니다. 그 나라의 전투가 얼마나 중요한지 알며, 그 나라를 위한 피 흘림이 얼마나 소중한지 알기에 두려움을 넘어선 용기를 냅니다. 결국에 그분의 나라는 그분의 나라를 위해 싸우기를 원하는 '자원자'를 통해 이어질 것입니다. 여러분의 마음에도 이 전투를 향한 열정이 생기기를, 그리고 그 열정이 삶 전체를 태우기를 소원합니다.

무엇을 구해야 하는가

다시 본문으로 돌아가 보겠습니다. 이제 엘리야는 엘리사를 세워 놓고 물었습니다. 세 번이나 가라고 했는데 가지 않은 엘리사를 보니 몹시 기분이 좋았습니다. 자기 인생에 그나마 한 명, 이렇게 끝까지 좇아오는 제자 한 명 있으니 얼마나 기뻤겠습니까? 그래서 엘리사에게 이렇게 물었습니다.

> 나를 네게서 데려감을 당하기 전에 내가 네게 어떻게 할지를 구하라(왕하 2:9a).

쉽게 말하면, "하나님이 나를 데려가시기 전에 네가 원하는 것이 뭔지 말해 봐라!"입니다. 뭔가 매정한 느낌도 듭니다. "네가 나를 이렇게 끝까지 따라온 걸 보니 뭔가 원하는 게 있는 것 같은데 솔직하게 네가 원하는 것을 말해 보렴?"이라고 묻는 것입니다. 그러나 이것 역시 하나의 시험입니다. 엘리야는 엘리사가 하나님 나라의 전투에서 '가장 중요한 것이 무엇인지'를 알고 있는지 확인하고 싶은 겁니다. 이에 엘리사는 이렇게 대답합니다.

> 당신의 성령이 하시는 역사가 갑절이나 내게 있게 하소서(왕하 2:9b).

웬만큼 신앙생활을 하신 분들은 이 말을 들어 본 적이 있을 것입니다. 개역 한글 성경에는 '성령이 하시는 역사'를 '영감'이라고 표현했습니다. 이런 번역 탓에 보통 본문에 있는 '갑절의 영감'을 엘리야가 행하던, 기적과 이적을 일으키는 신적인 능력으로 이해하는 경우가 많습니다. 그렇게 이해하면 그 다음에 이어지는 엘리야의 대답도 이해가 됩니다.

네가 어려운 일을 구하는도다(왕하 2:10).

자기도 가져 본 적 없는 힘을 제자가 물려달라고 요청했기 때문에 엘리야가 힘들어 했다고 이해하는 것입니다. 그러나 이러한 일반적인 해석은 사실 본문의 '풍성한 의미'를 다 담아 내지 못합니다. 엘리사가 무언가를 요청한 것은 맞습니다. 그런데 엘리사의 요청은 단지 '두 배의 능력'을 달라는 것이 아니었습니다. 엘리사는 두 가지를 엘리야에게 구했습니다. '갑절'과 '영감', 이 두 가지는 하나님 나라를 위해 싸우기 원한 엘리사가 생각하기에 자신에게 가장 필요한 것이었습니다.

엘리사의 첫 번째 요구는 '갑절을 달라'라는 표현 속에 있습니다. 이것은 문자적으로 '두 배를 달라'는 것이지만, 유대인의 사고 속에서 '갑절을 달라'는 말은 상용어에 가깝습니다. 이 말은 '내게 장자의 분깃을 주십시오'라는 상용어입니다. "나를 당신의 영적 큰아들로 인정해 주십시오"라는 말입니다. 엘리사는 엘리야의 영적 장자가 되고 싶었던 것입니다. 많은 자식 중 하나가 아니라 꼭 장자가 되고 싶었던 것이지요. 그래서 그는 엘리야를 끝까지 따라간 것입니다. 그렇다면 여러분, 엘리사는 왜 장자가 되고 싶었던 것일까요? 오직 장자만이 아버지의 모든 것을 이어받아 아버지의 사역과 싸움을 이어 갈 수 있기 때문입니다. 엘리사의 요구는 이것입니다. "내 영적인 아버지 엘리야여, 당신은 당신에게 맡겨진 영적인 싸움을 싸우셨습니다. 이제 당신은 당신의 싸움을 마치고 떠나십니다. 그런데 아버지, 이제 당신께서 싸워 온 그 싸움을 내게 물려주십시오. 당신이 싸워 온 그 싸움은 결코 단절되어서는 안 되는 싸움이니, 나로 그 바통을 이어받게 해주십시오. 내가 싸우겠습니다. 그러니 나를 당신의 장자로 세워 주십시오." 엘리사는 이렇게 부탁한 것입니다.

여러분, 우리는 모두 하나님의 자녀입니다. 많은 경우, 하나님의 자녀라는 것을 확인한 후에 우리는 어떤 선택을 합니까? 말은 그렇게 하지 않지만 대부분은 하나님의 자녀들 중 막내가 되고 싶을 것입니다. 받을 것은 많고 줄 것은 별로 없는, 싸움은 거의 하지 않고 형들과 누나들이 싸워 얻은 결과물을 가장 많이 챙기는, 그런 막내이고 싶은 마음이 있습니다. 그런데 엘리사는 그러지 않겠다는 것입니다. 스스로 장남이 되어 아버지의 능력을 이어받을 뿐 아니라, 아버지 엘리야가 싸워 얻은 '하나님 나라의 최전선'에 서고 싶어 한 것입니다. "총알이 가장 많이 날아오고 가장 치열한 전쟁터에 내가 설 수 있도록 아버지여, 내게 당신의 장자의 유업을 남기소서." 엘리사는 아버지의 전쟁터를 달라고 한 것입니다.

여러분, 가장 치열한 영적 전장에 서기를 소원하십시오. 그리고 신앙의 막내로 살려고 하지 말고 신앙의 장자가 되십시오. 아버지가 주시는 좋은 모든 것을 누리기는 하되 아버지의 전장에는 관심이 없는 자들이 아니라, 아버지의 전장을 이어받는 장자가 되기를 소원하라는 말입니다. 내 영적인 아버지가 싸웠고, 물려준 그 지독한 전장에 뛰어들기를 소원하십시오. 아버지의 총을 들고 아버지의 투구를 쓰고 아버지가 흘린 피 묻은 전투복을 입고, 아버지가 목숨을 걸고 지켜 낸 바로 그곳을 지켜 내기를 소원하라는 것입니다. 믿음의 선배들이 싸운 그 싸움터에서 다시 볼 수 있는 우리 모두가 되시기를 바랍니다.

엘리사의 두 번째 요구는 '성령이 하시는 역사'로 풀어 번역된 '영감'입니다. 여러분, 이 영감은 사실 이렇게 풀어서 번역하면 안 됩니다. 물론 영감으로 인해 능력이 나타나는 경우가 있습니다. 엘리야와 엘리사가 많은 능력을 행했기에 이 '영감'을 '능력'으로 해석하는 경향이 있습니다. 그러나 이 '영감'의 일반적인 뜻과, 성경 전체에서 영감을 말할 때의 일반적 뜻은 결코 어떤 능력을 말하는 것이 아닙니다. 이 단어는 히브리어 '루아흐'(חור)인데, 일반적으로 '바람, 호흡, 영, 신성' 등을 의미합니다. 초자연적인 능력을 의미할 때 쓰인 적이 별로 없습니다. 그렇다면 엘리사가 요구한 것은 무엇일까요? 엘리사가 엘리야 옆에 있으면서 가장 많이 본 것, 엘리야의 능력의 근원이라고 여긴 것이 무엇일까요? 바로 엘리야 안에 있는 하나님의 숨결, 즉 엘리야와 함께하시는 '하나님의 임재'입니다. 엘리사는 지금 엘리야에게 "당신이 누리던 그 하나님과의 친밀함을 달라"고 요구한 것입니다.

우리는 때로 하나님을 위해 무언가를 하려면 어떤 능력이 필요하다고 생각합니다. 그러나 우리 능력으로는 하나님이 기뻐하실 만한 열매를 맺을 수가 없습니다. 하나님이 기뻐하시는 열매는 오직 하나님의 능력이 만들어 내시는 것입니다. 그것이 '하나님의 숨결'입니다. '하나님의 숨결'이 '하나님의 열매'를 맺게 하는 것입니다.

엘리사가 바라는 것을 정확하게 말하면 '하나님'이었습니다. 그래서 엘리야가 "네가 어려운 일을 구하는도다"(왕하 2:10)라고 대답한 것입니다. 하나님의 임재는 곧 하나님인데, 그것은 일개 선지자가 '주거나' 받게 할 수 있는 것'이 아니기 때문입니다.

엘리사는 이렇게 말함으로써 엘리야의 후계자 시험을 통과했습니다. "소원을 말하라"고 한 엘리야가 듣고 싶어 한 바로 그 대답을 엘리사가 했기 때문입니다. "나를 하나님 나라의 최전선에서 뛰게 해달라"는 것과 "당신이 경험하고 붙잡았던 그 하나님의 임재를 제발 내게도 허락해 달라"는 것을 구했기 때문입니다. 그리고 엘리사는 그 소원의 응답을 하나님에게서 받게 됩니다.

여러분의 소원은 무엇입니까? 여러분에게 소원을 물어 보면 뭐라고 대답하시겠습니까? 위대하고 거대한 하나님의 나라, 그리스도께서 피로 사신 교회 속에서 여러분은 전투의 첫자리에 서기를 소원하십니까? 그리고 이 첫자리에서 끝까지 싸울 수 있는 힘이 오직 하나님의 숨결에만 있음을 알고 그분만을 구하시겠습니까?

어떻게 그것만을 구할 수 있는가

어렵고 힘든 이 시대에 우리가 구해야 할 것은 무엇일까요? 수많은 것을 구해야 합니다. 쉬지 않고 구해야 합니다. 자질구레한 것까지도 구해야 할 것입니다. 그런데 여러분, 우리는 가장 중요한 한 가지를 구해야 합니다. 그저 그런 수많은 것을 구하는 데 너무 많은 힘을 써서는 안 됩니다. 그런 것들은 다 하나님이 필요에 따라 주실 것입니다. 우리가 구해야 할 것은 바로 하나님의 임재, 그분의 바람, 그분의 숨결입니다. 왜 그래야 합니까? 그것이 매우 중요하고 반드시 필요한 것이기 때문입니다.

다른 선지자의 제자들도 다 하나님 나라의 전쟁을 해보겠다고 엘리야 밑에서 배우고 준비하던 사람들입니다. 그러나 그 선지자의 제자들 중 단 한 사람 엘리사를 제외하고는 누구도 엘리야를 쫓아와 이것을 구하지 않았습니다. 다른 선지자의 제자들은 죽기 살기로 이 갑절의 영감을 구하는 자리까지 쫓아오지 않았습니다. 그들은 그저 적절한 거리를 두고, 떠나가는 엘리야를 위한 송별회를 해주었을 뿐입니다. 다른 선지자의 제자들은 깔끔합니다. 그들은 점잖습니다. 하지만 그들에게서는 불꽃을 찾을 수가 없으며 열망을 볼 수가 없습니다. 왜 그들은 그렇게 점잖게 엘리야를 보낼 수 있었을까요? 그 시대를 바르게 이해하지 못했기 때문입니다.

다른 선지자의 제자들은 아합이 죽었기 때문에 이제는 그냥 두어도 하나님 나라가 회복될 것이라고 안이하게 생각했습니다. 하지만 그들의 생각은 틀렸습니다. 아합은 나쁜 놈입니다. 그는 이스라엘의 배교의 시작이었고 그 길을 연 사람이었습니다. 아합이 죽은 후에 하나님 나라가 회복되었을까요? 아닙니다. 아합의 아들 아하시야는 더했습니다. 그리고 이스라엘 전체는 더 심각하게 추락하고 있었습니다. 이스라엘은 계속해서 아합의 길로 갔고 더욱 심하게 우상을 숭배했습니다. 여러분, 선지자의 제자들은 이제 별 문제 없다고 생각했고, 조금만 수고해서 성전을 재건하면, 조직을 개편하고 홍보만 잘하면 하나님 나라가 다시 세워질 것이라고 안이하게 생각한 것입니다. 그래서 그들은 간절하고 절실하게 '갑절의 영감'을 구하지 않았고, 하나님의 임재를 구하지 않았던 것입니다.

하나님 나라의 전투, 하나님의 교회를 섬기는 일은 우리의 혈과 육으로 할 수 있는 전쟁이 아닙니다. 이 전쟁의 특징은 '적들이 지독하게 세다'는 것입니다. 너무 강력해서 감당하기 힘든 것이 사단의 세력이며, 그 세력의 사주를 받은 것이 바로 세상입니다. 마틴 로이드존스 목사님은 유명한 저서 「부흥」(복있는사람 역간)에서 "이런 유" (막 9:29, 개역한글)에 대한 말씀을 하셨습니다. 기도와 금식 이외의 어떤 방법으로도 이길 수 없는 강력한 종류의 적이 있다는 것입니다. 그런데 엘리야가 죽은 후, 하나님 나라를 공격할 세력이 바로 그런 세력이었던 것입니다. 그것들은 "이런 유"였습니다. 인간의 힘과 능력과 지혜와 열심으로는 도무지 이길 수 없는 강력한 유가 교회를 집어 삼키려고 달려들고 있다는 것입니다.

여러분, 지금 조국 교회가 싸우는 싸움은 바로 "이런 유"와의 싸움입니다. 조금 열심을 내거나 조직을 만들거나 몇 사람의 인사이동을 통해서 이길 수 있는 종류의 싸움이 아닙니다. 이것은 인간적인 수고를 통해서 이길 수 있는 종류의 싸움이 아닙니다. "이런 유"를 이길 수 있는 방법은 하나입니다. 갑절의 영감을 받아야 하는 것입니다. 엘리사는 정확하게 이것을 알았습니다. 그래서 엘리야를 쫓아간 것입니다. 그리고 엘리야에게 강청한 것입니다. "이런 유", 이 거대한 세상의 신들, 이들과 싸울 수 있는 유일한 힘인 하나님의 임재를 자신에게도 달라는 것입니다. '당신의 싸움을 이어받아 당신의 전장에서 싸우기 원하니 당신과 늘 함께하신 그 하나님의 임재를 내게 주시라'는 것입니다. 그것이 아니고서는 답이 없음을 알기에 절망 속에서 나온 소망의 기도를 한 것입니다.

갑절의 영감을 구하는 성도

엘리야가 승천할 때 엘리사는 외쳤습니다. "내 아버지여 내 아버지여 이스라엘의 병거와 그 마병이여"(왕하 2:12). 엘리사에게 엘리야는 영적인 아버지였을 뿐만 아니라 이스라엘의 병거와 마병이었습니다. 하나님이 이스라엘에 심겨 놓으신 특별 병거였고, 사단의 공격을 막을 수 있는 유일한 군대였습니다. 그런데 엘리야의 승천을 보며 엘리야를 향해 외치던 엘리사의 고백은 성경의 다른 부분에서 다른 이의 입을 통해 다시 한 번 터져 나옵니다.

> 엘리사가 죽을병이 들매 이스라엘의 왕 요아스가 그에게로 내려와 자기의 얼굴에 눈물을 흘리며 이르되 내 아버지여 내 아버지여 이스라엘의 병거와 마병이여 하매(왕하 13:14).

엘리사가 죽을 때 그 엘리사의 임종을 지키던 이스라엘의 왕 요아스가 외친 것입니다. 엘리사는 엘리야의 장자로서 엘리야가 싸우던 그 전장에서 엘리야의 전투를 치렀습니다. 엘리야가 하나님의 임재, 갑절의 영감을 가지고 싸우던 것처럼 엘리사도 엘리야와 같이 하나님의 임재, 그 갑절의 영감을 가지고 싸워 낸 것입니다. 그래서 엘리사가 죽을 때, 엘리사가 엘리야에게 외친 것과 같은 말을 들으며 하늘을 향해 간 것이지요.

여러분, 저는 언젠가 이 땅에서의 시간이 끝나고 마지막 호흡을 내쉬게 되는 그때, 제 곁에 있는 누군가가 저를 향해 "나의 아버지여 나의 아버지여 이스라엘의 병거와 마병이여"라고 외치는 소리를 듣고 싶습니다. 저 같은 부족한 인생이 누군가에게는 영적인 아버지였기를 바라고, 저 같은 인생이 하나님 나라의 한 영역에서 싸웠던 자임을 확인받고 싶기 때문입니다. 그리고 여러분에게도 말씀드리고 싶습니다. 여러분에게 주어진 시간이 끝날 때, 여러분 역시 옆에서 누군가가 외치는 이 소리를 들을 수 있기 원합니다. "나의 아버지여, 나의 아버지여, 이스라엘의 병거와 마병이여."

이 거대한 세상의 힘 앞에서 나의 힘으로는 도무지 전진할 수 없으나 그 모든 것을 넉넉히 이기게 하시는 하나님의 호흡을 구하며 믿음으로 나아갑시다. 주께서 과거에 우리가 어떻게 싸웠는지를 이야기해 주시며, 우리로 하여금 소일하는 노인의 자리에서 일어나 다시 전장에 나가 싸우게 하시기를 소망합니다. 우리 모두 주님과 함께, 주님의 전장에서, 주님의 싸움을 싸우다 다시 만나게 되기를 소원합니다. 우리가 다시 만나게 될 그곳에서, 함께 기쁨의 춤을 출 수 있는 날이 있기를 축원합니다.

이사야

하늘의 문을 열라

사 6:1-8

어떤 예배가 좋은 예배인가

코로나19 초기에 한국 교회 안에는 예배에 대한 논쟁이 있었습니다. 한국 개신교는 그 어떤 나라의 기독교보다 예배가 많습니다. 주일 예배는 물론 수요 예배와 금요 기도회, 새벽 예배까지 있는 나라는 흔하지 않습니다. 그런데 그것으로 끝나지 않습니다. 때에 따라 부흥회나 사경회 또는 수련회라는 이름의 예배가 있고, 그 외에도 신앙인들이 모이는 거의 모든 모임 시작에 꼭 예배를 드리는 문화를 가지고 있습니다. 그래서인지 "예배가 너무 많다"고 말하는 분들이 있습니다. 맞는 말 같기도 합니다. 그러나 저는 만약 예배가 정말 좋은 것이라면, 많은 것 자체가 문제는 아니라고 생각합니다.

문제는 그렇게 많은 예배를 드리는 교회가 그 예배의 수만큼 '주님을 닮아 간다'는 느낌이 없다는 것입니다. 일반적으로 무언가를 많이 하면 잘하게 됩니다. 어떤 일에 시간을 많이 쓰고 시도하는 횟수가 많으면 자연스레 그 영역에 실력이 생긴다는 것입니다. 그런데 그 부분에서 우리는 고개를 들기가 어렵습니다. 한국 교회가 주님을 닮는 데 실패한 것 같은 사건을 너무나 많이 보고 듣고 있기 때문입니다. 굳이 다른 사람, 다른 교회를 언급할 필요가 없습니다. 바로 우리, 바로 저 자신을 보면서 하는 고민입니다. 그 많은 예배, 그 많은 모임, 그 정도면 바뀌어도 한참 바뀌어야 할 것 같은데 '우리는 도대체 왜 바뀌지 않느냐'는 것이지요. 혹시 우리가 드리는 예배에 문제가 있는 것은 아닐까요?

여러분, '좋은 예배'가 무엇이라고 생각합니까? 우리는 나름대로 '좋은 예배'에 대한 기준을 가지고 있습니다. 여러분의 기준은 무엇입니까? 어떤 예배를 좋은 예배라고 생각하십니까? 많은 분이 예배와 설교를 연결합니다. 설교를 통해 뭔가 마음에 감동이 있으면, 설교를 통해 무엇인가 중요한 것을 깨달으면, 혹은 이도저도 아니지만 설교가 재미있어서 한참을 웃고 나면, "오늘 예배는 은혜가 있었다"고 평가합니다. 또 어떤 분들은 '찬양'에 많은 강조점을 둡니다. 성가대 찬양, 찬양 팀의 기술을 중요하게 생각합니다. 얼마나 성의 있게 준비했는지, 무대 매너가 어떠했는지를 봅니다. 찬양 팀 규모도 중요한 요소가 됩니다. 음악이 예배당 안을 꽉 채우면 좋은 예배를 드렸다고 생각하는 것입니다. 또 어떤 분은 교회의 예전에서 찾기도 합니다. 성찬식을 할 때, 순서가 잘 짜여 있고 구성이 깔끔하면, 혹은 진행 멘트가 적절하면 '이 교회는 좋은 교회이고 오늘 예배는 참 거룩하다'고 생각하기도 합니다. 좋은 예배의 기준은 기도라고 생각하는 분도 많습니다. '오늘은 좀 기도가 됐다'는 겁니다. 기도 인도자가 적실하게 기도 제목을 주고, 찬양도 적절하게 마음에 감동이 되어서 평소보다 깊이 기도할 수 있었다는 것이지요. 여러분, 저는 앞에서 말씀드린 이 모든 것에 대해 매주 마음을 씁니다. 그러나 이것들보다 중요한 예배의 요소가 있습니다. 그것은 예배자가 예배에 임하는 마음의 태도입니다.

이사야가 경험한 사건

웃시야 왕이 죽던 해, 이사야는 성전에서 기도하고 있었습니다. 그 때 갑자기 그에게 '하늘에 있는 성전'이 보였습니다. 거대한 왕좌가 보이고, 그 왕좌에 앉아 계신 이가 보였습니다. 그분은 긴 옷을 입으셨는데 그 옷자락이 보좌뿐 아니라 성전 전체에 가득한 모습이었습니다. 그분 옆에는 날개를 여섯 개나 가진 천사가 날며 보좌에 앉으신 이를 향해 "거룩하다 거룩하다 거룩하다"(사 6:3) 하며 찬양합니다. 이 천사들의 찬양에 지진이 난 것처럼 성전이 흔들렸습니다. 그제야 이사야는 지금 자신이 어디에 있는지 알았습니다. 그는 지금 하늘 성전에서 거룩하신 하나님을 보고 있는 것이었습니다. 이사야의 마음에 두려움이 밀려왔습니다. 그는 "화로다 나여 망하게 되었도다"(사 6:5) 하며 탄식했습니다. 천사가 제단에 있는 숯덩이 하나를 가지고 와서 이사야의 입술을 태우며 말했습니다. "네 악이 제하여졌고 네 죄가 사하여졌느니라"(사 6:7). 이사야가 죄인이지만 그 죄를 정화했다는 의미입니다.

그때 이사야의 귀에 하나님의 탄식이 들렸습니다. "내가 누구를 보내며 누가 우리를 위하여 갈꼬"(사 6:8). 이 땅을 향한 하나님 마음을 전할 일꾼을 찾고 계시는 것입니다. 이사야는 주저하지 않고, 손을 들어 자원했습니다. "내가 여기 있나이다 나를 보내소서"(사 6:8). 하나님은 이사야의 자원을 기뻐하시며, 그를 자기 백성을 위한 선지자로 삼으셨습니다. 이것이 이사야 6장의 내용입니다. 과연 이 이야기에는 어떤 의미가 있을까요?

본문에 들어가면서 해결해야 할 첫 번째 질문은, "이사야의 이 소명 이야기가 이사야 전체를 시작하는 1장이 아닌 6장에 기록되어 있는 이유가 무엇일까"입니다. 이사야 1-5장의 내용은 하나님이 이사야에게 주신 이스라엘 백성을 향한 예언입니다. 시간 순서대로라면, 이사야가 선지자가 된 이 과정이 먼저 나오고, 이후에 선지자 이사야가 예언을 하는 내용이 나와야 합니다. 그런데 굳이 이사야는 이 소명, 하나님의 부르심의 자리에 대한 기록을 6장에 두고 있습니다. 그 이유가 무엇일까요?

6장에서 이사야가 경험한 사건이 1-5장에 나오는 타락한 이스라엘 백성, 멸망당할 이스라엘 백성의 회복의 길이기 때문입니다. 이 이사야는 "너희가 범죄로 말미암아 하나님의 심판을 받을 수밖에 없고, 그런 너희의 죄가 너무나도 크다"라고 말한 후, "그러나 너희의 죄가 아무리 크고, 하나님의 심판이 확정적이라 할지라도 너희에게는 회복의 길이 있다"라는 의미로 6장을 제시한 것입니다. 6장에서 자신이 만난 하나님, 자신을 세우고 보내신 그 하나님을 만나기만 하면 이스라엘도 산다는 것입니다. 6장은 이사야가 어떻게 선지자가 되었는지를 보여 주는 것으로 끝나지 않습니다. 이사야 자신의 삶을 완전히 뒤집어엎으신 하나님, 자신이 예배를 통해 만난 하나님에 대해 기록하고 있습니다. 그리고 자신이 만난 하나님을 이스라엘이 만나기만 하면 그 죄와 심판으로부터 구원을 얻게 될 것을 믿은 것입니다.

이사야는 하나님을 만난 날, 즉 자신의 인생 전체가 바뀐 날에 대해 이야기합니다. 한마디로 '하나님을 만난 예배에 관한 이야기'입니다. 예배 안에서 하나님을 만났고, 하나님이 베푸시는 은혜를 경험했고, 하나님의 뜻이 무엇인지 발견했다는 것입니다. 그 예배가 자신의 삶 전체를 바꾸었기 때문에, 하나님을 만나는 이 예배가 회복되면 이스라엘의 삶도 완전히 바뀔 것을 확신한 것이지요. 이사야는 예배를 통해 하나님을 만나면 인생이 완전히 변화된다는 것을 경험했습니다. 그리고 그렇게 온전한 예배를 통해 하나님을 만나기만 하면 패역한 이스라엘, 심판받을 이스라엘도 회복될 수 있다고 생각했습니다. 예배가 사람을 고친다고 확신했습니다. 그렇다면, 어떤 예배가 사람을 구원하고 새롭게 만들까요? 이사야 6장은 참된 예배자의 태도 4가지에 대해 말합니다.

참된 예배자의 태도 1 :
세상에 절망하고 하나님을 바라봄

참된 예배자의 첫 번째 태도는 '세상에 절망하고, 하나님을 바라보는 것'입니다. 6장 1절은 이렇게 시작됩니다. "웃시야 왕이 죽던 해에 내가 본즉." 이 한 문장은 많은 배경을 담고 있습니다. 웃시야 왕은 남유다의 최고 전성기를 구가하던 왕입니다. 그는 정치 경제적으로 탁월한 안목을 가진 왕으로, 남유다가 가장 부유하고 부강하던 시기를 이끌었습니다. 외교적으로도 주변 강대국들과 좋은 관계를 유지했습니다. 조선의 왕으로 치면 세종대왕 정도 되는 왕이라 볼 수 있습니다. 그런 웃시야 왕이 죽었습니다. 역사적으로 성군이 죽었다는 점에서 이 나라는 위기입니다. 이럴 때, 기대되는 반응은 백성이 불안하고 두려워하여 성전으로 나아오는 것입니다. 이는 위기의 때에 하나님의 백성이 보여야 할 공통된 반응이지요. 그런데 백성은 웃시야 왕의 죽음을 위기로 여기지 않았습니다. 웃시야 왕의 아들 요담이 있었기 때문입니다. 이미 웃시야와 함께 10년간 왕의 역할을 해 온 요담이 있었기에 사람들은 불안해하지 않은 것입니다.

백성이 믿고 신뢰하던 웃시야 왕의 영혼을 하나님이 취하셨을 때가 바로 유대가 하나님에게 돌아갈 기회였습니다. 그들이 따르던 성군이 죽는 것을 통해서 이 세상의 어떤 왕도 영원할 수 없다는 것을 깨달아야 했습니다. 그리고 그 깨달음 가운데서 영원한 왕, 흔들리지 않는 왕이신 여호와 하나님에게 돌아가야 했던 것입니다. 그런데 유다는 하나님이 주신 기회, 웃시야 왕이 죽던 해에 하나님에게로 돌아가지 않습니다. 그들이 가지고 있던 평화와 풍요가 계속해서 인간 왕을 통해 이어질 수 있으리라 생각한 것입니다. 그래서 그들은 그 위기의 시간에 성전에 가서 기도하지 않은 것입니다.

이사야는 웃시야 왕이 죽었을 때, 성전에서 기도하고 있었습니다. 그리고 그 성전에서 여호와 하나님에게 나아가는 참 예배를 경험했습니다. 6장 1절에서 하나님을 묘사하는, "그의 옷자락은 성전에 가득하였고"라는 표현과 4절에 "문지방의 터가 요동하며 성전에 연기가 충만하도다"라는 표현은 하나님이 여전히 이 땅을 통치하고 계시다는 것을 의미합니다. 보좌에 앉으신 이의 옷자락이 성전을 채웠고, 하나님의 임재를 상징하는 영광의 구름이 성전을 채웠습니다. 하나님의 성전에 하나님의 임재가 가득했고, 이사야는 예배 안에서 그 임재를 경험하고 있는 것입니다.

이사야 시대에 수많은 사람이 성전에서 기도했을 것입니다. 이사야가 성전에서 하나님의 영광을 체험하고 있는 동안에도, 성전 안 다른 곳에서 하나님에게 기도하던 사람들이 있었을 것입니다. 그런데 유독 이사야만 하나님의 초청을 받아, 하늘 성전을 보게 되고 하나님의 명령도 듣게 됩니다. 그 이유가 무엇일까요? 그가 눈에 보이는 현실을 넘어 눈에 보이지 않는 영적인 비참함을 보았고, 그 아픈 심정을 가지고 성전에 나와 하나님에게 은혜를 구했기 때문입니다.

여러분, 예배를 준비하면서 어떤 생각을 하십니까? 정말 이 예배가 중요하다는 생각을 하십니까? 이 예배가 아니면, 이 예배를 통해 여호와 하나님을 만나지 않으면, 나와 우리 가정과 우리 교회와 이 나라와 이 민족은 끝이라는 인식이 있는지를 묻는 것입니다. "지금 우리가 경험하고 있는 이 거대한 감염병 문제는, 그리고 이 문제를 둘러싸고 있는 수많은 문제는 사람의 능력으로 해결할 수 없다. 이 문제를 해결할 수 있는 궁극적인 능력은 오직 하나님에게만 있다. 주님이 우리를 만나 주시지 않으면, 주님의 구원의 손으로 우리를 건져 주시지 않으면 우리에게는 답이 없다." 이런 인식 말입니다.

하나님에게 참된 예배를 올려 드리는 성도는 세상에 소망을 두지 않습니다. 세상의 힘과 능력으로 우리가 구원을 얻을 수 없다는 것을 알고 있습니다. 그래서 오직 하나님에게 소원을 둡니다. 하나님에 대한 갈급함이 있습니다. 그리고 그 갈급함을 가지고 하나님 앞에 엎드려 모든 구원이 당신에게 있음을 고백하며 구하는 이, 바로 그가 하나님을 만나는 것입니다. 우리에게 하나님을 향한 이 갈급함이 있기를 바랍니다.

참된 예배자의 태도 2 :
하나님을 하나님으로 바라봄

이렇게 인생의 답을 하나님에게 구하던 이사야에게 우리 하나님이 찾아오셨습니다. 이사야는 찾아오신 하나님을 이렇게 묘사하고 있습니다.

> 웃시야 왕이 죽던 해에 내가 본즉 주께서 높이 들린 보좌에 앉으셨는데 그의 옷자락은 성전에 가득하였고 스랍들이 모시고 섰는데 각기 여섯 날개가 있어 그 둘로는 자기의 얼굴을 가리었고 그 둘로는 자기의 발을 가리었고 그 둘로는 날며 서로 불러 이르되 거룩하다 거룩하다 거룩하다 만군의 여호와여 그의 영광이 온 땅에 충만하도다 하더라 이같이 화답하는 자의 소리로 말미암아 문지방의 터가 요동하며 성전에 연기가 충만한지라(사 6:1-4).

참된 예배자의 두 번째 태도는 '하나님의 하나님 되심을 인정하는 것'입니다. 그분은 '높이 들린 보좌'에 앉아 계십니다. 그분의 옷자락은 성전에 가득합니다. 천사들이 그 보좌에 앉으신 이를 향해 "거룩하다 거룩하다 거룩하다 만군의 여호와여 그의 영광이 온 땅에 충만하도다"라고 찬양합니다. 이 찬양이 울려 퍼지자 이 소리로 말미암아 지진이 난 것처럼 땅이 흔들리고, 성전에 여호와의 영광을 상징하는 구름이 가득해집니다.

우리는 이사야가 정확하게 무엇을 봤는지 알 수 없습니다. 인간의 언어로 묘사할 수 없는 하나님의 임재를 경험한 것이기 때문입니다. 그러나 그가 만난 여호와 하나님의 특징이 무엇인지는 알 수 있습니다. 높은 보좌는 그분이 지금도 이 땅을 통치하고 계시다는 것을 의미합니다. 그분의 옷자락이 성전을 가득 채웠다는 것은 그분의 통치가 온 땅에 미치고 있다는 것입니다. 하늘의 찬양이 땅을 진동시키는 것은 하나님이 어떤 뜻을 세우시면 그 뜻에 땅은 복종할 수밖에 없다는 것입니다. 한마디로 정리하면, 이사야가 만난 하나님은 "나는 지금도 이 땅을 통치하고 있다"고 자신을 계시하신 것입니다.

여러분, 우리는 하나님을 잘 믿지 않습니다. 이게 무슨 말이냐고요? 하나님이 정말 내 기도를 들으시고 내 인생의 문제 가운데 개입하시고, 굴러가는 세상을 움직이고 계시다는 것을 믿지 않는다는 말입니다. J.B. 필립스(Phillips)의 유명한 책 제목인 「당신의 하나님은 너무 작다」(아바서원 역간)는 말이 딱 우리에게 하는 말입니다. 우리는 이 땅의 현실을 보면서, 때로 하나님이 과연 지금도 이 땅을 통치하시는지를 의심할 때가 있습니다. 개인이 경험하는 고통의 문제들, 이해할 수 없는 사건과 사고들, 그리고 이 시대에 일어나는 수많은 고통과 절망의 이야기를 간접적으로 경험하면서 우리는 수도 없이 묻습니다. "하나님, 과연 이 땅을 지금도 다스리고 계시나요?" 당장에는 코로나19 상황을 보면서 그런 생각을 하게 됩니다. 감염병 확산의 중심에서 교회가 보여 준 태도로 인해 세상이 교회를 향해 던지는 비난의 수위가 점점 높아지는 것을 보면서 더욱 그러합니다. 도대체 얼마나 비참해질지 알 수 없는 상황이 되었습니다. 성도 개개인의 삶의 토대가 흔들리고, 나라의 근간에 어려움이 생기며, 교회의 미래가 어두워졌습니다.

그 결과, 하나님을 향한 기대가 없어졌습니다. 하나님은 계시지 않거나, 계시기는 하지만 우리 삶에 관심이 없거나, 계시기도 하고 관심은 있으나 도울 힘이 없는 분으로 생각하는 것입니다. 그런데 이사야가 들려주고 있는 것은 무엇입니까? 하나님이 여전히 이 땅을 통치하고 계시다는 것입니다. 그분은 여전히 왕의 보좌에 앉아 가장 낮은 곳까지 통치하고 계십니다. 그분이 하늘에서 말씀하시면 땅이 진동하여 반응합니다. 우리 하나님은 거룩하시고 거룩하시고 거룩하신 분으로 여전히 이 땅을 주관하고 계신다는 것입니다.

여러분, 우리는 예배 가운데 영광스러운 하나님, 거룩하신 주님, 온 땅을 통치하는 왕이신 하나님을 만나야 합니다. 그 하나님을 만나기를 소망하고 기대해야 합니다. 우리가 만나야 할 분은 우리를 잠깐 즐겁게 해주는 개그맨도, 힘들고 어려운 마음을 좋은 말로 위로해 주는 상담사도, 요즘 일어나는 여러 가지 일을 해석해 주는 해설자와 조언자도 아닙니다. 예배 시간에 '영광스러운 주님'을 만나야 한단 말입니다. 도무지 내 머리와 내 생각으로는 그려 낼 수 없는, 그 영광스러운 주님을 만나는 것, 그것이 우리 예배의 목적이 될 때, 그리고 우리 예배 가운데 그 주님을 만나게 될 때, 우리는 이 예배의 능력으로 어두운 세상을 다시 해석할 수 있습니다. 이런 상황 가운데 주시는 하나님의 뜻을 발견하며, 참 성도에게 부어 주시는 소망과 소명으로 이 어두운 땅을 살아 낼 수 있습니다.

참된 예배자의 태도 3 :
죄를 깨닫고 죄 사함을 얻는 자

그런데 여러분, 이렇게 영광스러운 하나님을 만나면 어떤 일이 벌어질까요? 우리가 예배 가운데 하나님을 만난다면 우리에게 나타날 반응은 무엇일까요? 이사야는 어떻게 반응합니까?

> 화로다 나여 망하게 되었도다 나는 입술이 부정한 사람이요 나는 입술이 부정한 백성 중에 거주하면서 만군의 여호와이신 왕을 뵈었음이로다(사 6:5).

이사야가 하나님을 뵈었을 때 터져 나온 비명입니다. "재앙이다. 나는 이제 망했다!" 이사야가 이렇게 반응하는 이유가 무엇일까요? 자신을 부정한 사람이라고 말하고 자기 백성을 부정한 백성이라고 말한 그는 여호와 하나님을 뵙고 망했다며 비명 지르고 있습니다. 이사야는 경건한 사람입니다. 이사야는 제사장 가문에서 태어났고 율법 조항들을 잘 지키며 가장 어려운 순간조차 성전에 와서 진실하게 하나님에게 기도하던 사람이란 말입니다. 당시 가장 신실한 사람 중 한 명이 이사야입니다. 그런데 이 이사야가 하나님을 만났을 때 처음 보인 반응이 "나는 망했습니다"입니다. 왜 그랬을까요?

바로 거룩하신 하나님의 빛이 이사야를 비췄기 때문입니다. 그때까지 이사야는 자신이 괜찮은 사람인 줄 알았습니다. 나름 의롭다고 생각했고 나름 경건하다고 생각했습니다. 특별히 자기 입으로 좋은 말을 많이 해왔기 때문에 입술이 자신의 몸 가운데 가장 깨끗한 곳이라고 생각했습니다. 그런데 거룩하신 하나님의 빛이 비추자 보인 것입니다. 자기가 얼마나 더러운지를 말입니다. 자기가 가장 자랑스럽게 생각해 오던 그 입술마저도 더럽게 여겨졌습니다. 제사장 가문에서 태어나 말씀을 암송하고 가르치고 전하던, 가장 깨끗하다 생각하던 그 입술도 부정한 것이었습니다. 철저하게 하나님 앞에서 '나는 아무것도 아님'을 깨달은 것입니다. 그는 탄식하며 하나님 앞에 엎드려 고개를 숙이고 벌벌 떨고 있을 수밖에 없었습니다. 참된 예배자의 세 번째 태도는 자신의 죄인 됨을 알기에 나오는 겸손과 은혜를 구하는 자세입니다.

참된 예배를 드리는 자는 점점 겸손해집니다. 예전에 설교하셨던 진짜 어른 목사님들 중에는 종종 설교를 시작하면서 "부족한 종은 십자가 뒤에 숨겨 주시고, 오직 십자가만 드러나기를 원합니다"라고 기도하는 분들이 있었습니다. 그런데 그분들이 진짜입니다. 진짜 예배를 드리는 자, 거룩하신 하나님의 임재 앞에 나아가는 자는 절대 교만할 수 없습니다. 자신이 이룬 것들의 목록을 자랑할 수 없습니다. 늘 부족한 것만 생각납니다. 늘 못한 것만 생각납니다.

하나님에게 늘 죄송합니다. 그것이 예배에서 우리가 경험하고 훈련 받는 겸손입니다.

이 땅의 교회는 이 겸손을 잃어버린 것 같습니다. 세상 위에 있는 것 같습니다. 세상의 집권자들이 교회의 지도자에게 무릎을 꿇어야 한다고 주장합니다. 한없이 무례합니다. 믿지 않는 이들을 지옥의 땔감처럼 대합니다. 예배당은 소중하고, 사람들이 먹고살기 위해 돈을 버는 일터는 소중하지 않다고 합니다. 목회자는 성직자여서 특별한 대우를 받아야 하고 함부로 비난하면 안 된다고 합니다. 진짜 예배를 드리는 자, 예배를 통해 거룩하신 하나님을 만나는 자는 그렇게 교만할 수 없습니다. 성령의 열매는 절대 그렇게 나타날 수 없기 때문입니다. 거룩하신 하나님의 빛 앞에서 우리는 통곡할 것입니다. 나의 비참을 경험하는 것, 그것이 참된 예배입니다.

> 그때에 그 스랍 중의 하나가 부젓가락으로 제단에서 집은 바 핀 숯을 손에 가지고 내게로 날아와서 그것을 내 입술에 대며 이르되 보라 이것이 네 입에 닿았으니 네 악이 제하여졌고 네 죄가 사하여졌느니라 하더라(사 6:6, 7).

하나님이 두려워하는 이사야에게 천사를 보내서서 제단에 있던 숯을 그의 입술에 대어 그를 깨끗하게 하고 있습니다. '타는 제단'이라는 것은 지금 드려지고 있는 예배입니다. 지금 누군가가, 무언가가 하나님의 제단에서 타고 있는 것입니다. 천사는 '그 제단'의 숯을 가져와 이사야를 깨끗하게 합니다.

우리의 예배 가운데 일어나기 원하는 일이 바로 이것입니다. 예배를 통해 우리가 어떤 죄에서 건짐을 받았는지, 또 우리가 어떤 희생으로 건짐을 받았는지 알게 되는 것입니다. 그래서 "나는 죄 사함을 받은 죄인입니다"라는 고백이 우리의 정체성이 되는 것입니다. 여러분, 우리가 왜 이렇게 무기력합니까? 우리가 왜 이렇게 나태합니까? 우리는 왜 이렇게 세상에 잘 휘둘립니까? 왜 이렇게 쉽게 교만해지고 다른 사람을 판단하며 편 가르기를 하는 것일까요? 왜 용서가 안 되는 것일까요? 이유는 한 가지입니다. 내가 누구인지 모르기 때문입니다.

내가 얼마나 큰 죄인이었는지 너무 빨리 잊어버리기에 조금만 시간이 지나면 한없이 높아져서 모든 세상을 판단하는 자리에 서는 것입니다. 지금 여러분이 영적으로 딱딱해져 있다면, 지금 여러분이 누군가를 판단하고 있다면, 지금 여러분이 마음에 아무런 감동 없이 예배를 드리고 있다면, 지금 여러분이 예배 중에 졸고 있다면, 지금 여러분이 예배에 아무런 기대감이 없는 상태라면, 지금 여러분은 자신이 누구이고, 이런 자신을 위해 어떤 희생이 치러졌는지를 까맣게 잊어버리고 있는 것입니다. 그러니까 다시 돌아가십시오. 거룩하신 하나님 앞에 서서 자신의 죄로 말미암아 통곡하며 용서를 구하는 자리에 가자는 것입니다. 그리고 그 자리까지 찾아오셔서 당신의 피로 우리를 씻겨 주시는 주님을 만날 수 있기를 바랍니다.

참된 예배자의 태도 4 :
하나님의 뜻에 자원함

마지막으로 참된 예배자의 네 번째 태도는 '하나님의 뜻에 자원함' 입니다. 이번 본문에서 가장 핵심적인 8절의 내용입니다.

> 내가 또 주의 목소리를 들으니 주께서 이르시되 내가 누구를 보내며 누가 우리를 위하여 갈꼬 하시니 그때에 내가 이르되 내가 여기 있나이다 나를 보내소서 하였더니(사 6:8).

환상 중이었습니다. 하나님과 많은 천상의 존재가 눈에 보입니다. 그때 하나님이 큰소리로 말씀하셨습니다. "내가 누구를 보내며, 누가 우리를 위하여 갈꼬." 여러분, 하나님의 이 말씀과 다음 말씀 사이에는 간극이 있습니다. 일단 하나님이 말씀하신 내용을 보면, 여기에는 구체적인 대상이 없습니다. 구체적인 대상은 '누구'입니다. 지금 하나님이 온 하늘을 향해, 그리고 모든 피조물을 향해 "누가 우리를 위하여 갈 것인가?"라고 질문을 던지시는 것입니다.

여기에는 어려운 임무가 있는 것입니다. 그리고 이 임무를 완수하다가 위해를 당할 가능성이 큽니다. 지휘관 역시 어떤 대상 하나를 지목할 수가 없습니다. 그래서 지휘관이 이렇게 말하는 것입니다. "이 임무는 정말 어려운 임무이며, 이 임무를 수행하는 중에 많은 어려움이 있을 수 있는데 그럼에도 이 임무에 자원하는 사람이 있나?" 하늘에 정적이 흘렀습니다. 아무도 대답하는 사람이 없습니다. 하늘을 날며 "거룩하다 거룩하다 거룩하다" 노래하던 스랍들도 입을 다뭅니다. 아무런 소리도 들리지 않습니다. 누구도 손을 들지 않습니다. 그때 그 정적을 깨고 이사야가 손을 든 것입니다. "내가 여기 있나이다. 나를 보내소서." 무엇인지 알지도 못하는 임무에 이사야가 왜 자원하고 있을까요?

이사야는 앞으로 자신이 할 일이 무엇인지 알지 못합니다. 그런데 하나님이 이렇게까지 주저하시며 말씀하시는 것이라면 분명 어려운 일입니다. 그럼에도 이사야가 그 일에 자원하는 이유가 뭘까요? 하나님의 목소리에 묻어 있는 안타까움 때문입니다. 하나님은 탄식하듯 천지의 피조물을 향해 물으셨습니다. 그런데 아무도 답하는 존재가 없었습니다. 그 큰 정적 속에서 죄의 사함을 받은 죄인인 이사야가 손을 든 것입니다. 왜입니까? 하나님이 지금 저렇게 탄식하시는 것은 나를 향해 자원하라고 말씀하시는 것임을 알았기 때문입니다.

저는 결혼 19년차입니다. 그래서인지 요즘은 아내가 말하지 않아도 아는 게 아주 조금 생겼습니다. 아내는 제가 사랑하는 사람이기 때문입니다. 또 아내와 함께한 시간이 길기 때문입니다. 또 제가 아내를 바라보고 있기 때문입니다. 이와 같습니다. 하나님은 지금 마음이 몹시 아프십니다. 하나님의 뜻을 행해야 할 성도와 교회가 그 일을 하고 있지 않기 때문입니다. 지금 이 시기는 손해 보는 시기, 나누는 시기, 참는 시기, 무시당하는 시기여야 하는데 그러기 싫어서 막 성질을 부리고 있는 것입니다. 누군가가 하나님의 계획을 듣고 그 일을 하겠다고 나서야 하는데, '자원자'가 없습니다. 그런데 이사야가 자원한 것입니다. 자원한 이유는 주님을 사랑하기 때문입니다. 주님의 마음이 이 일에 있는데, 이 일에 자원자가 없음으로 몹시 마음 아파하시는 주님으로 인해 자신의 마음이 상한 것입니다. 그래서 번쩍 손을 든 것입니다.

여러분, 제가 교회를 바라보며 꾸는 꿈이 바로 이것입니다. 하나님의 상한 마음이 들리는 자리에서 자원하여 손을 드는 사람이 있는 것입니다. "저요, 제가 여기 있습니다. 저를 보내 주십시오"라고 말하는 사람 말입니다. 하나님이 여러분을 부르시는 자리가 어디입니까? 하나님이 어디를 바라보시며 무엇을 안타까워하고 계십니까? 예배를 통해 그 마음이 느껴지십니까? 예배 가운데 아픈 마음의 하나님을 만나셨습니까?

여러분이 느끼시는 하나님의 아픈 마음은 무엇입니까? 하나님의 상한 마음을 바라보며 내게 주신 것 중 할 수 있는 것이 무엇입니까? 그 자리, 그곳에 자원하여 뛰어드는 여러분이 되시기를 바랍니다. 우리의 예배가 참된 예배가 되어 영광의 주님을 만나고 그 주님으로 말미암아 우리의 정체성이 명확해지기를 바랍니다. 그리고 하나님이 마음 아파하시는 그곳을 향해 달려갈 수 있는 예배가 우리의 예배가 되기를 축원합니다.

느헤미야

내 하나님이여 이 일로 말미암아
나를 기억하옵소서

끝까지 최선을 다하라

느 13:1-31

인생의 마라톤에서 마지막 스타디움에 들어설 때

가끔 인생이 마라톤 경주인 것 같다는 생각을 하게 됩니다. 제가 그렇게 생각하는 이유는 마라톤 경기의 한 가지 특징 때문입니다. 누구도 경기 중계를 처음부터 끝까지 보는 이가 없다는 것입니다. 올림픽 경기의 꽃이라고 불리는 마라톤, 인간 한계를 극복한 마라톤, 전쟁의 승전보를 전했던 한 사람의 희생을 기리는 이 마라톤은 42.195킬로미터를 쉬지 않고 달리는 경기이기에, 누구도 그 경기 중계를 처음부터 끝까지 볼 수가 없습니다. 채널을 계속 돌리면서 간간이 보는 중계지요. 왜 그렇습니까? 중간에는 별로 드라마틱한 부분이 없기 때문입니다. 그러나 여러분, 그렇게 간간이 중계를 보다가 채널을 고정하게 되는 멘트가 있습니다. 바로 선수들이 한 명씩 결승점에 도달한다는 멘트입니다.

여기에서 채널을 고정하는 이유는 마라톤의 마지막 장면이 주는 장엄한 아름다움 때문입니다. 마라톤 선수들은 외로운 싸움을 치러 내야 합니다. 선수들이 뛰어야 하는 길에는 평지도 있지만 오르막길도 있습니다. 응원이 가득한 거리가 있는가 하면 아무도 보이지 않는 벌판도 있습니다. 100미터를 평균 17초의 속도로 무려 42.195킬로미터를 쉼 없이 달리는 마라톤 경주는 올림픽 폐막식을 앞둔 메인 스타디움에 들어서야 끝이 납니다. 수만 명의 관객으로 채워져 있는 이 경기장 안으로 선수들이 한 명씩 들어오면 관객들은 일어서서 그들을 향해 환호합니다. 1등이든 2등이든, 그 외 등수든 상관 없습니다. 그 길을 완주한 것만으로도 그들은 충분히 대단한 선수이기 때문입니다.

인생도 이와 마찬가지입니다. 우리는 때로 열심히 달릴 수 있습니다. 어떤 목적을 위해 참으로 많은 것을 성취하며 달릴 수 있지요. 그러나 우리 인생의 성패를 결정하는 것은 마지막에 우리가 그 메인 스타디움에 모습을 드러내느냐 그렇지 못하느냐로 정해집니다. 이 땅에서 우리의 마지막이 어디에서 어떤 모습으로 있느냐가 성패를 가르는 데 가장 중요한 것입니다. 여러분, 인생의 마지막, 노인이 된 자신의 모습을 상상해 보기를 원합니다. 거울 앞에 있는 여러분의 얼굴은 어떻습니까? 상상해 보십시오. 표독스럽고 욕심 많아 보이는 할머니가 있습니까? 고집으로 똘똘 뭉쳐 눈이 매서운

할아버지가 서 있지는 않습니까? 얼굴은 중요합니다. 세월이 흐를수록 얼굴은 더 중요합니다. 젊은 시절의 얼굴은 부모님이 주시는 것이지만, 노년의 얼굴은 그가 평생을 통해 빚어 낸 것이기 때문입니다. 노년에 여러분의 얼굴은 어떨 것 같습니까?

더 쉽게 이해하기 위해, 각자의 장례식장에 미리 가 보는 것은 어떨까 합니다. 조문객들이 찾아와서 유가족들에게 하는 한마디 한마디, 그리고 그 조문객들끼리 모여서 하는 이야기를 엿들을 수 있다고 해봅시다. 그들이 어떤 말을 주고받을 것 같습니까? 보통 장례식에 가면 우리는 고인에 대해 말하는 이들의 이야기를 어렵지 않게 들을 수 있습니다. 그들의 평가는 정확합니다. 과연 여러분의 장례식장에 온 이들이 어떤 이야기를 하겠느냐는 것입니다. 그곳에 모인 이들의 대화 속에서 내 인생은 다시 평가를 받게 됩니다. 결국에 인간은 심은 대로 거두게 될 것입니다. 그가 사랑을 심은 사람인지, 신뢰를 심은 사람인지, 신앙을 심은 사람인지 알 수 있게 되지요. 또 영원한 생명이 없는 것처럼 이 땅의 유한한 것들을 위해 대부분의 삶을 쏟아 부었는지도 알 수 있습니다. 여러분, 우리의 마지막 모습은 어떠하며, 우리의 장례식장에 온 조문객의 입에서는 어떤 이야기가 나올 것 같습니까?

이 장에서는 느헤미야서 마지막 장 말씀을 살펴보려고 합니다. 느헤미야서 앞부분인 9장 이전은 그의 인생 최고 과제인 성벽 건축 사역과 내적 부흥을 위한 초석을 잘 만들어 내는 내용을 담고 있습니다. 그리고 그 여파가 9-12장 내용입니다. 그리고 이 장에서 살펴볼 본문은 그 최고 정점인 성벽 재건과 부흥의 시기로부터 12년 정도 지난 후에, 노년이 된 느헤미야가 한 일과 사역에 대한 기록입니다.

2차 총독의 임기를 시작하며

느헤미야 5장에는 영적 대각성을 마친 이후 느헤미야가 12년 동안 예루살렘 총독으로 임무를 수행했다는 역사적 기록이 있습니다. 그리고 그는 얼마간 바벨론으로 돌아가 있게 됩니다. 그리고 또 얼마간의 시간이 지납니다. 13장 6절에 보면 "삼십이 년에 내가 왕에게 나아갔다가 며칠 후에 왕에게 말미를 청하고"라는 말이 나오는데, 이 표현은 느헤미야가 얼마 동안 바벨론 왕을 섬기다가, 다시 2차로 총독 임명을 받아서 예루살렘에 돌아왔다는 것을 뜻합니다.

   정확하게 느헤미야가 얼마 동안 총독의 자리를 비웠는지는 알 길이 없습니다. 그러나 느헤미야가 없던 기간에 예루살렘에서 일어난 사건들을 보면 그 기간이 짧지 않았음을 알게 됩니다. 아무튼 그런 시간을 보내다 느헤미야는 예루살렘으로 2차 부임을 하게 된 것입니다. 그런데 그렇게 돌아와서 본 공동체는 그가 떠나왔을 때와는 사뭇 다른 모습이었습니다.

부흥을 무너뜨린 사단의 방해 공작

부흥을 방해하는 적에는 내적인 적과 외적인 적이 있습니다. 그리고 그 배후에는 숨겨진 존재가 있는데 바로 사단입니다. 사단은 이스라엘 백성의 성벽 건축을 산발랏과 도비야와 게셈을 통해서 외적으로 막으려고 했습니다. 그리고 그것이 여의치 않자 내부에 문제를 일으켜 민족을 분열시킴으로 부흥을 막으려 했습니다. 그러나 그 사단의 계획은 무너졌습니다. 이런 점으로 볼 때, 우리는 사단이 완전히 물러섰다고 생각할 수 있습니다. 그러나 이렇게 생각하는 것은 사단의 놀라운 인내심과 인간 타락을 향한 집요함에 대해 너무 모르는 것입니다. 사단은 결코 포기하지 않습니다. 다만 다르게 일할 뿐입니다. 느헤미야가 떠나 있던 그 시기, 영적인 리더십이 사라진 그 시기에 사단은 다시 이스라엘 백성을 무너뜨렸습니다. 과연 사단은 어떤 일들을 한 것일까요?

1) 예배의 파괴

사단은 이스라엘 공동체의 예배를 파괴했습니다. 전혀 예측할 수 없는 방법이었습니다. 그러나 결과만 보면 예배는 붕괴되었습니다. 성벽 건축을 방해하던 암몬 사람 중 하나인 도비야가 이스라엘의 대제사장과 친해지게 됩니다. 그리고 예루살렘 성전의 십일조 창고를 자신이 예루살렘에 올 때 사용할 수 있는 거처로 쓰게 해달라는 요청을 합니다. 물론 그에 대한 암묵적인 대가 지불이 있었을 것입니다. 대제사장은 자신의 임무를 잊은 채 도비야의 선물을 받아들이고 성전의 십일조 창고를 도비야에게 내어 줍니다. 쉽게 생각하면 교회의 창고 중 하나를 다른 이가 사용할 수 있도록 내어 준 것입니다. 언뜻 생각하기에 이것은 별로 큰일 같아 보이지 않습니다. 그저 장소 하나를 내어 준 것이기 때문입니다.

그런데 시간이 지나 보니 이 일은 단순히 성전의 방 하나를 내어 준 것이 아니었습니다. 그 방은 백성의 십일조를 거두어서 쌓아 놓던 곳이었습니다. 여기에 쌓이는 물자들이 성전에서 여러 잡무를 담당하는 레위인들의 양식이 되는 것입니다. 그런데 이 창고를 없애고 나니 제물을 어디에 두고 어떻게 관리할지에 대한 부분이 희미해졌습니다. 제 개인적인 생각에는 타락한 대제사장이 이 부분에 손을 댄 것 같습니다. 결과적으로, 성전에서 일하는 레위인들에게 식량과 사례가 공급되지 못하는 일이 벌어진 것입니다. 레위인도 먹고살아야 합니다. 레위인에게도 부양해야 할 가족이 있습니다. 그런데 지금 그들의 생명과 가족의 생계를 이어 가게 해줄 구조적인 시스템이 사라진 것입니다. 마침내 그들은 성전에 더 이상 남아 있을 수 없게 되었습니다. 그들은 자신들의 생계를 위해 고향으로 돌아갈 수밖에 없었습니다. 레위인이 없다면 성전은 관리될 수 없습니다. 또한 예배가 정식으로 진행될 수 없지요. 이로써 예배는 파괴되었습니다.

사단은 정면에서 예배를 공격한 것이 아닙니다. 정면에서 모는 목회자를 죽인 것이 아닙니다. 그렇게 했다면 이 일이 이렇게 허무하게 흘러가지는 않았을 것입니다. 사단은 돌려서 공격한 것입니다. 그냥 성전의 창고 하나에 자신의 짐을 두고 휴가 때 와서 잠깐씩만 쓰겠다는 요청이었습니다. 그러나 이 작은 허용, 별것 아닌 것 같아 보이는 허용으로 인해 느헤미야가 그토록 회복시키기 원한 성전의 예배가 무너져 버린 것입니다. 우리도 어쩌면 이러한 사단의 교묘한 공격에 놓여 있을지도 모릅니다.

예배는 중요합니다. 사단의 첫 번째 목표는 정상적인 예배의 파괴입니다. 예배가 성도를 얼마나 강하게 하는지 알고 있기 때문입니다. 성도가 예배드리지 못할 때, 그의 영적 상태가 얼마나 심각하게 오염되고 추락하는지 알고 있기 때문입니다. 저는 예배를 드리지 않는 건강한 그리스도인을 본 적이 없습니다. 또 제가 보아 온 훌륭한 신앙의 사람들 중 어느 누구도 예배를 소홀히 여기는 사람이 없습니다. 예배는 신앙의 중심입니다. 하나님을 경배하는 공적이고, 사적이고, 정기적인 모임은 우리 영혼을 지키는 가장 중대한 요소입니다. 그래서 예배는 사단의 제1목표가 되는 것입니다.

여러분, 예배를 지켜 내십시오. 사수하십시오. '사수'의 뜻은 '죽음을 무릅쓰고 지킨다'는 것입니다. 매주 있는 예배를 통해 매주 새로운 하나님의 말씀과 찬양과 기도와 성도의 교제로 무장된다면 여러분을 신앙의 길에서 넘어지게 하려는 사단의 첫 공격 시도를 막아 낼 수 있습니다.

2) 일상의 파괴

사단의 두 번째 공격은 일상의 파괴였습니다. 예배가 파괴된 곳에 당연히 따라오는 수순은 일상의 삶 속에서 하나님의 법이 파괴되는 것입니다. 하나님에게 진정으로 예배드리지 못하며, 매주 온전한 주의 말씀을 공급받지 못한 이들, 거룩한 성도의 무리로 모여 하나님 앞에서 거룩한 교제를 나누지 못한 이들의 삶은 결국 타락이라는 결과로 나타납니다. 대표적인 증상이 무엇입니까? 안식일을 잃어버리는 것입니다. 십계명의 제1계명에서 제5계명은 하나님에 대한 것입니다. 그중 가장 구체적이라고 할 수 있는 것이 안식일에 관한 것입니다. 세상 모든 사람은 다 일해도 하나님을 믿는 이들은 이 안식일을 지켜야 합니다. 하나님이 인간의 쉼을 위해 만드신 특별한 날이기 때문입니다.

안식일은 인간의 쉼을 위해 하나님이 제정하신 날입니다. 인간은 쉬어야 합니다. 육체적으로 한 주라는 삶을 살고 나면 반드시 쉼을 위한 시간을 가져야 합니다. 인간은 일상의 분주함 속에서 벗어나 하나님에게 집중하고 하나님에게 공급받는 특별한 쉼의 날을 갖도록 창조되었습니다. 그러나 인간은 막상 그렇게 정해진 쉼을 싫어합니다. 더 많이 벌고 싶고, 더 많이 쓰고 싶어 합니다. 그래서 구약의 하나님은 그것을 법으로 정하셨습니다. 민수기에는 안식일에 일하는 자를 돌로 쳐 죽임으로써 안식일을 지키는 내용이 나옵니다 (민 15:32-36 참조). 하나님은 안식일의 쉼이 무너진다면 세상이 얼마나 고통스러워질지 아셨기 때문입니다.

'안식일'은 하나님이 인간에게 주신 최고의 선물 중 하나입니다. 안식일에는 종도 쉬어야 했습니다. 심지어 짐승도 쉬어야 했습니다. 하나님은 모든 것을 쉬게 하셨습니다. 이 얼마나 큰 축복입니까? 부자들과 힘을 가진 사람들은 언제든 쉴 수 있습니다. 하지만 약자와 종들처럼 평생 단 하루도 쉴 수 없는 이들에게 안식일이 있다는 것은 얼마나 큰 축복이겠습니까? 만약 우리의 일상에 주일이 없다면, 또 달력에 가끔 있는 빨간 날이 없다고 생각하면 얼마나 고통스러울지, 정말 끔찍합니다.

결국, 사단의 은근한 공격은 이스라엘 사람들이 삶 가운데 누려야 할 안식일을 파괴했고, 그것은 안식일에 예루살렘 성내에서 장사하는 모습으로 드러났습니다. 안식일은 무너졌습니다. 장터와 성전은 서로 먼 곳 같으나 반드시 연결되는 곳입니다. 하나님의 말씀의 법이 생활에 아무런 영향을 끼치지 못하는 상태로 전락했습니다. 이스라엘 사람들의 일상의 삶이 무너진 것입니다.

예배가 무너진 우리 일상은 어떤 모습일까요? 우리 중 대부분은 이 상황이 어떤지 경험을 통해 알고 있을 것입니다. 저는 대학교 1학년 때부터 2학년 4월까지 교회에 다니지 않았습니다. 제게 주어진 자유를 그렇게 쓰고 싶었고, 그래서 가끔 명목상 교회에 나가 주며 그저 자유롭게 살고 싶었습니다. 그 결과, 저의 삶은 술에 찌든 삶이 되어 버렸습니다. 아침부터 밤까지 술을 마셨습니다. 매일 술을 마시며 보냈습니다. 그토록 술을 마신 이유는 잘 모르겠습니다. 그냥 그렇게 마셔야 했던 것 같습니다. 나중에는 학교 앞 몇몇 술집에서 저를 아들처럼 대우해 주기도 했습니다. 저는 그분들을 어머니라고 불렀고, 학교 행사를 할 때 후원을 받기 위해 선배들이 그 술집에 저를 보낼 만큼 많이 팔아드렸습니다. 복합적인 이유가 있었겠지만 예배의 무너짐은 곧 제 일상의 삶에 영향을 끼쳤습니다.

여러분은 그렇지 않습니까? 몇 주간 예배를 포기한 여러분의 삶을 돌아볼 때, 과연 선한 것을 쌓을 수 있었나요? 예배 없는 삶에서 하나님의 향기를 드러낼 수 있었나요? 예배가 무너진 후 이어지는 당연한 결과는 삶이 무너지는 것입니다.

3) 정체성의 파괴

예배와 삶이 파괴된 백성에게 찾아온 사단의 세 번째 공격은 정체성의 파괴였습니다. 두 가지 사건이 등장합니다. 하나는 이스라엘 백성이 이방 여인과 결혼함으로 혼혈 자녀를 갖게 되었는데, 그 아이들이 이스라엘 말을 할 수 없었던 것입니다. 다른 하나는 대제사장이라는 사람이 자신의 손자를 하나님의 대적 산발랏의 딸과 결혼시킨 사건입니다.

느헤미야가 길을 가다가 평범하지 않은 한 아이를 보았습니다. 이상해서 그 아이에게 뭔가를 물었습니다. 그런데 그 아이의 입에서 유창한 외국어가 나왔습니다. 신기해서 그 아이에게 히브리어로 몇 마디를 묻자 아이가 떠듬거리며 대답했습니다. 이 아이는 누구일까요? 이방인과 이스라엘인 사이의 자녀였습니다. 그런데 이 아이는 히브리어를 거의 하지 못하는 수준이었습니다. 언어는 많은 것을 포함합니다. 우리나라의 민족성을 말살하기 위해 일제는 '조선어 교육 금지'와 '공공 기관 내 조선어 사용 금지'라는 명령을 내렸습니다. 창씨개명은 한국인의 이름 속에 있는 한글마저 없애야 한다는 정책입니다. 언어는 그 민족의 고유한 정서와 가치를 포함합니다. 그런데 이스라엘의 아이들이 이스라엘의 언어를 잃어 가게 된 것입니다. 하나님의 선민이라는, 특별하게 선택받은 하나님의 사람이라는 정체성을 포기하게 된 것이지요.

예배가 무너지고, 이어서 신앙인으로서 일상의 삶이 붕괴되자, 결국 신앙인으로서의 정체성도 무너지게 된 것입니다. 이스라엘은 무너졌습니다. 더 이상 선민으로서 아무것도 남지 않게 된 것입니다.

그렇다면 오늘날에는 다를까요? 예배를 드리지 않거나, 드려도 예배 시간에 그냥 앉아 있는 것만으로 만족하는 이가 많습니다. 아마 '예배 파괴'가 몇 주만 지나면 '삶의 파괴'로 다가올 것입니다. 그리고 그런 시간이 얼마 정도 경과되면 '그리스도인'이라는 정체성도 무너지게 됩니다. 그나마 스스로를 향해 구원받은 자라고 우기겠지만 구원받은 성도가 갖는 언어인 '기도'를 할 수 있을까요? 무릎 꿇고 기도하려고 애써 보아도 기도가 막힐 것입니다. 세상의 말은 참 잘할지 모르지만 하나님이 주신 특별한 말은 할 수 없을 것입니다. 그리스도인이라는 정체성에서 이미 멀어진 자로 남겨질 것입니다. 사단은 일했고, 이스라엘은 그 은근한 공격에 완전히 무너졌습니다. 오늘날 우리 역시 같은 위험 아래 있지 않나요? 우리는 이 싸움에서 이길 수 있습니까?

무너진 성벽 다시 세우기

느헤미야가 얼마 동안 바벨론에 머물러야 했는지 알 수는 없습니다. 그러나 그가 떠나 있는 동안 이렇듯 완전히 이스라엘 공동체가 무너져 버렸습니다. 그리고 그들의 범죄로 인해 태어난 혼혈의 아이들이 말을 할 만한 나이가 되었다는 것에서 느헤미야가 거의 10년 정도 떠나 있지 않았을까 추측해 볼 수 있습니다. 느헤미야는 돌아오자마자 무너진 성벽을 다시 재건합니다. 느헤미야는 이전에도 성벽을 재건했습니다. 그런데 또다시 성벽을 재건합니다. 그는 평생의 사명을 성벽 재건에 두었고, 또다시 그 일을 하고 있는 것입니다. 그는 어떻게 성벽을 재건했을까요?

1) 포기하지 않기

그는 포기하지 않았습니다. 그의 나이가 몇 살일까요? 성경은 구체적으로 느헤미야의 나이를 언급하지 않습니다. 그러나 느헤미야서의 모든 정황으로 볼 때, 느헤미야의 나이는 적지 않습니다. 이스라엘은 공직에 진출할 수 있는 나이를 서른 살로 보았습니다. 예수님이 서른 살쯤에 공생애를 시작하신 것도 그런 이유가 있을 것입니다. 느헤미야가 서른 살에 공직 생활을 시작했다고 보고, 그가 왕의 술 맡은 관원장이 되는 데, 왕의 완전한 신뢰를 받을 만한 높은 직책의 사람이 되는 데 10년 정도 걸렸을 것이라고 가정해 봅시다. 그리고 12년간 총독으로 이스라엘을 섬기다, 바벨론으로 가서 최소 5년 정도 있었다고 하고, 2차 총독으로 이스라엘에 갔다고 생각해 봅시다. 그는 몇 살 정도일까요? 최소 쉰여덟 살쯤일 것입니다. 지금의 나이로도 많은 나이입니다. 그런데 그 시대는 지금으로부터 2천5백 년 전입니다. 평균 수명이 마흔 살 전후인 시대입니다. 그는 늙었습니다. 그러나 결코 포기하지 않았습니다. 그는 다시금 자신의 생을 불태워 이스라엘 속에 들어온 악들과 싸웠습니다. 그리고 승리합니다.

영적 전쟁에서 포기는 없습니다. 나이가 많든 적든 포기할 수 없는 전쟁입니다. 지고 있는 것을 발견했다면, 내 삶에 무너진 영역이 보였다면, 영적 전투는 다시 시작되는 것입니다. 우리는 날마다 영적 전투장 속에 있습니다. 내 영혼을 지키는가, 그러지 못하는가의 싸움에 있지요. 느헤미야는 나이가 들어 이제는 좀 쉴 때라고 말할 수도 있었지만 그렇게 하지 않았습니다. 그는 청년과 같은 열정을 가지고 그 싸움을 시작했습니다.

우리 역시 마찬가지입니다. 영적 싸움을 피할 핑계는 없습니다. 내가 재수생이라는 것, 삼수생이라는 것이 영적 싸움을 회피할 이유가 될 수 없다는 것이지요. 아르바이트하느라 바쁜 것이 핑계가 될 수 없습니다. 야근을 많이 한다는 것이 말씀을 안 읽는 이유가 될 수는 없습니다. 부모님이 아프시다는 것이, 군인이라는 것이 이 전투를 포기할 핑계가 되지 않습니다. 우리는 평생을 들어 이 싸움을 싸워야 합니다. 그러지 않으면 지고 맙니다.

2) 각자의 상황 속에서 전투를 재개하기

느헤미야는 각각의 상황 속에서 치열하게 싸웠습니다. 그는 막연하게 일하지 않았습니다. 그가 가진 국가 권력을 행사했고, 영적인 지도력을 활용했으며, 그가 가진 은사인, 사람을 적재적소에 배치하는 것과 백성 중 권력 있는 몇몇에 대해 책망하는 재능을 사용했습니다. 그는 적극적으로 자신이 가진 모든 것으로 어그러졌던 것들을 바로 세웠습니다.

우리 삶 속을 정말 엄밀하게 관찰할 수 있기를 원합니다. 우리의 싸움이 허공을 치는 싸움이 되지 않기 위해서입니다. 우리는 정확하게 우리의 상태를 관찰하고 분석해야 합니다. 그리고 가장 적절하게 우리의 역량을 동원해서 우리 안에 이미 들어와 있는 사단의 영향력, 세속의 영향력과 싸워야 합니다. 게으름이 들어왔습니까? 게으름과 싸우기 위해 시간 계획표를 세워야 하고 알람 시계를 맞춰야 합니다. 영적인 무지 속에 있습니까? 무지를 이기기 위해 우리의 시간과 물질을 들여 배우기 위해 수고해야 합니다. 내 삶에 손과 발을 사용하는 봉사가 없습니까? 그렇다면 봉사하기 위해 교회에 찾아가 "나에게도 봉사할 자리를 달라"고 부탁해야 합니다. 기도할 줄 모릅니까? 그렇다면 기도를 배워야 합니다. 그리고 기도하기 위해 진정으로 시간을 떼어야 합니다. 그러고 나서 정말 기도하기 힘들 때는 기도원을 찾아가든지 교회 내의 기도 모임에 나가야 합니다.

우리는 세상에서 성공하기 위해 최대한 구체적으로 준비합니다. 군인은 군인으로 국가를 지키기 위해 훈련합니다. 학생은 학생으로서 충실하기 위해 공부합니다. 그러나 진정 그리스도인이고자 원하는 우리는 얼마나 그리스도인이기 위해 수고하고 노력하고 구체적으로 자신을 준비합니까? 진정한 그리스도인이 될 수 없도록 방해하는 세상의 권세 잡은 자, 그 사단이 버티고 있음을 그렇게 명확하게 알려 주어도 한없이 느긋한 것이 우리 아닌가요?

주여, 우리의 수고를 기억하소서

이제 느헤미야서에 나와 있는 느헤미야라는 인물의 마지막 장면을 살펴봅시다. 느헤미야서는 느헤미야 말년에 쓰인 책입니다. 이 책에 나오는 수많은 역동적인 이야기에도 불구하고 이 책은 총독직을 은퇴한 한 늙은이의 손에 의해 쓰였습니다. 이스라엘의 부흥을 기록하고 싶던 이 늙은이는 무언가 하고 싶은 말이 있었습니다. 부흥은 지독하게 어려웠다는 것과 그럼에도 불구하고 끊임없이 싸웠고, 결국에 하나님의 부흥을 회복했다는 내용입니다. 그러나 이 글을 쓰고 있을 당시, 그가 지켜 왔던 이스라엘의 부흥은 또 무너져 내리고 있었습니다. 신구약 시대의 중간기라고 불리는 시기가 다가오고 있었습니다. 그는 지금 선지자도, 말씀도 없는 어두운 시대를 살아가야 할 후손들을 바라보며 이 글을 쓰고 있는 것입니다.

14절, 22절, 느헤미야서의 마지막 부분인 29-31절에서 그는 하나님을 향해 소리를 지릅니다. "하나님이여, 내가 했던 그 많은 수고와 영적인 싸움, 그것들을 기억해 주십시오. 그리고 그 모든 나의 수고에 대해서 내게 복을 주십시오." 느헤미야서의 대미는 이 초라한 기도로 마무리됩니다. 왜 그랬을까요? 그의 부흥은 오래가지 않았습니다. 이스라엘은 또 타락하고, 율법은 무너지고, 선지자들은 소리 내지 않았습니다. 백성은 더 이상 느헤미야의 수고를 기억하지 않았습니다. 감사하지도 않았습니다. 느헤미야는 잊힌 존재가 되었습니다.

여러분과 함께 이 노인의 고통스러운 기도를 듣기 원합니다. 그는 평생을 수고하며 이스라엘의 부흥을 위해 싸웠습니다. 그러나 그 백성은 그가 임기에서 물러나자 타락했고, 그의 부흥 운동은 물거품이 되었습니다. 그래서 그는 자신의 공적 뒤에 하나님을 향해 소리치는 것입니다. "사람들에게는 잊혔지만 하나님은 아시죠?" 그리고 이제 그는 자신에게 남은 마지막 호흡에 대해서 알고 있습니다. 그는 이미 늙었습니다. 그에게 복은 현세의 돈이나 명예가 아닙니다. 자식이 잘되는 것도 아닙니다. 자신의 영혼에 대한 것입니다. "주님, 이 땅에서 저는 다 버리는 삶을 살았습니다. 제 수고의 결과조차 지금은 눈에 보이지 않습니다. 그래서 조금 의심스럽습니다. 혹 하늘에 상급마저 없을까 봐서요. 그러니 주님, 제 모든 수고를 기억하시지요? 제 평생의 수고를 기억하시는 주님이 제게 놀라운 (하늘의) 복을 주실 것이지요?"

여러분, 우리는 우리 시대의 부흥을 위해 수고할 것입니다. 이 공동체를 바라보면서 우리는 부흥을 위해 땀 흘리고 눈물을 흘릴 것입니다. 신앙이 어린 후배들을 생각하면서 우리는 울 것입니다. 신앙을 잃어버리고 세상 속에서 그냥 세상의 자녀로 살게 될 이들을 향해서 뜨겁게 수고할 것입니다. 그러나 그들은 그대로 세상 속에서 살다 죽어 버릴 수 있습니다. 공동체는 부흥의 냄새만 맡은 채 사라질 수도 있습니다. 그렇습니다. 저는 아무것도 담보하지 못합니다.

수많은 사람이 경험했다고 여기던 느헤미야와 에스라 시대의 부흥은 그 시대의 부흥으로 끝났습니다. 우리가 우리 시대에 이 공동체의 부흥을 볼 수 있을지 없을지는 알 수 없습니다. 그러나 여러분, 하나님은 우리가 한 일의 결과로 우리를 판단하지 않으실 것입니다. 느헤미야가 하나님에게 들고 나간 것은 그의 수고였지, 그의 성취가 아니었습니다. 우리 역시 부흥을 위해 공동체가 커지고, 많은 후배가 하나님 안에서 굳건한 사람이 될 것을 꿈꿉니다. 그러나 아무것도 남지 않을 수 있습니다. 다행히 하나님은 우리의 성취가 아닌 우리의 '수고', 우리의 '눈물', 우리의 '마음'을 보십니다. 그리고 그것으로 우리에게 그분의 복을 주십니다.

우리의 남은 날을 하나님의 공동체를 사랑하는 데 사용하기 원합니다. 또한 이 공동체를 통해 귀한 신앙의 후배들이 성숙해지고 완전해지는 데에 우리 삶을 드리기 원합니다. 우리의 수고와 눈물과 마음, 이중 단 하나도 잊어버리지 않는 하나님의 복이 우리 삶 전체에 부어질 것을 확신합니다.

에필로그

하나님이 준비하신 그 길을
믿음으로 걸어가십시오

할렐루야 찬양하세

내 모든 죄 사함받고

주 예수와 동행하니

그 어디나 하늘나라

〈내 영혼이 은총 입어〉(새찬송가 438장 후렴)

이제 긴 여행을 마쳤습니다. 구약의 열세 인물과 함께 걸었던 시간은 어떠셨나요? 어려운 시기를 살아가며 수많은 선택의 갈림길에 선 여러분에게 다시 묻습니다. 우리가 읽은 구약의 사람들이 만약 지금 내가 선 자리에 있다면 어떤 선택을 할까요? 나와 같을까요? 아니면 전혀 다를까요?

그들은 세상이 말하는 이익과 성공이 아니라 하나님과 함께하는 것을 선택했습니다. 무언가 좋은 것을 얻기 위해 필요한 도구로서 '하나님의 손'이 아니라, 하나님의 임재와 동행을 상징하는 '하나님의 얼굴'을 구했습니다. 그들의 기준은 세상과도, 대다수의 사람과도 달랐습니다. 하나님과 동행하는 것이 세상 그 어떤 성공보다 나은 것임을 삶 전체로 외쳤습니다.

이제 다시 여행을 시작해야 하는 모든 분에게 말씀드립니다. 앞서 그 길을 멋지게 걸어간 이들에게서 얻은 지혜와 힘으로 우리에게 주어진 오늘이라는 기회의 시간을 살아 주십시오. 신실한 하나님이 우리를 위해 준비하신 그 길을 믿음으로 함께 걸어갈 수 있기를 소망합니다.

하나님을 선택한 구약의 사람들
삶의 갈림길에서 고민하는 당신에게

초판 발행	2022년 10월 25일
초판 4쇄	2025년 3월 12일
지은이	조영민
발행인	손창남
발행처	(주)죠이북스(등록 2022. 12. 27. 제2022-000070호)
주소	02576 서울시 동대문구 왕산로19바길 33, 1층
전화	(02) 925-0451 (대표 전화)
	(02) 929-3655 (영업팀)
팩스	(02) 923-3016
인쇄소	(주)진흥문화
판권소유	ⓒ(주)죠이북스
ISBN	979-11-984567-5-5 04230
	979-11-984567-4-8 04230 (세트)

책값은 뒤표지에 있습니다.
잘못된 도서는 교환하여 드립니다.
이 책 내용을 허락 없이 옮겨 사용할 수 없습니다.